Introducción

¿Cuál es la manera más fácil y rápida para aprender a comunicarse con un patrón o empleador que habla inglés?

¡Hable Inglés en el Trabajo! Esta guía de palabras fácil y rápida está especialmente diseñada para ofrecerles a los trabajadores de habla hispana, la habilidad de comunicarse inmediatamente con su patrón o empleador.

Esta guía completa y concisa está escrita para ayudarle a que encuentre un mejor trabajo y aumente al máximo su enten-dimiento del inglés, especialmente en el ramo de la construcción, jardinería y servicio doméstico. Cada frase u oración se presenta en inglés y en español y está fonéticamente deletreada para asegurar su pronunciación correcta.

Hable inglés en segundos!

What's the fastest way for a Spanish-speaking worker to learn to communicate with an English-speaking employer?

Speak English on the Job! This specially written, quick, easy word guide offers you the instant ability to speak employment-based English.

Written to help you get a better job, this book maximizes understanding for almost any trade, but it's especially useful when working in construction, landscaping, and housekeeping. Each entry appears in Spanish and English and is phonetically spelled out to assure correct pronunciation.

Speak English in seconds!

Índice de Materias

Frases útiles	Useful phrases
¡Apúrese!	**Hurry up!** JUR-ri ap
¿A qué distancia?	**How far away?** jau far a-UEI
¿A qué hora debo dejar de trabajar?	**What time will I stop work?** uat taim uil ai stap uork
¿A qué hora debo presentarme?	**What time should I be here?** uat taim chud ai bi jir
¿A qué hora me puedo ir?	**What time may I leave?** uat taim mei ai liv
Bien gracias, ¿y usted?	**Good thank you, and yourself?** gud denk iu, end iur-SELF
¿Cómo está usted?	**How are you?** jau ar iu
¿Cómo le dice usted a esto?	**What do you call this?** uat du iu kal dis
¿Cómo se apellida?	**What is your last name?** uat is iur last neim
¿Cómo se dice ___?	**How do you say ___?** jau du iu sei ___
¿Cómo se llama?	**What is your name?** uat is iur neim
¿Cuáles son las horas que deberé trabajar?	**What are the hours I will work?** uat ar di AU-ers ai uil uork
¿Cuándo?	**When?** uen
¿Cuándo empiezo a trabajar?	**When do I start work?** uen du ai start uork

¿Cuándo es el período de descanso?	**When is break time?** uen is breik taim
¿Cuándo es mi día libre?	**When is my day off?** uen is mai dei af
¿Cuándo estará contratando?	**When will you be hiring?** uen uil iu bi JAI-rin
¿Cuándo me pagará?	**When will you pay me?** uen uil iu pei mi
¿Cuándo son mis días libres?	**When are my days off?** uen ar mai deis af
¿Cuándo son mis vacaciones?	**When is my vacation?** uen is mai ve-KEI-chan
¿Cuánto?	**How much?** jau mach
¿Cuánto cobra usted?	**How much do you charge?** jau mach du iu charch
¿Cuánto paga?	**How much is the pay?** jau mach is di pei
¿Cuántos?	**How many?** jau ME-ni
¿Cuánto tiempo?	**How long?** jau lang
¡Cuidado!	**Look out!** luk aut
Deje un mensaje con mi ___.	**Leave a message with my ___.*** liv a ME-sech uid mai ___
De nada.	**You're welcome.** iur UEL-kam
Dígale a ___ que me llame, por favor.	**Please have ___ call me.** plis jav ___ kal mi

*Términos útiles página 32

Enséñeme como hacer esto, por favor.	**Please show me how to do this.** plis chou mi jau tu du dis
Eso es todo.	**That's all.** dats al
Espere aquí.	**Wait here.** ueit jir
¿Es seguro?	**Is it safe?** is it seif
¡Está bien!	**That's good!** dats gud
Estaré aquí ___.	**I will be here ___.*** ai uil bi jir at ___
Esto es peligroso.	**This is dangerous.** dis is DEIN-cher-as
Esto me dolerá.	**This will hurt me.** dis uil jert mi
Esto no es seguro.	**This is not safe.** dis is nat seif
Estoy buscando trabajo.	**I'm looking for work.** aim LUK-in for uork
Estoy buscando un poco de trabajo.	**I'm looking for a little work.** aim LUK-in for a LI-tel uork
Estoy buscando un trabajo de medio tiempo.	**I'm looking for a part-time job.** aim LUK-in for a part taim chab
Estoy buscando un trabajo de tiempo completo.	**I'm looking for a full time job.** aim LUK-in for a ful taim chab
Estoy enfermo/a, no puedo ir a trabajar hoy.	**I'm sick, I can't come to work today.** aim sik, ai kant kam tu uork tu-DEI
Estoy lastimado.	**I am hurt.** ai am jurt

*Términos útiles página 32

Gracias.	**Thank you.** denk iu
¿Habla español?	**Do you speak Spanish?** du iu spik spa-NISH
Hable despacio, mi inglés no es muy bueno.	**Please speak slowly, my English is not very good.** plis spik SLOU-li, mai IN-glesh is nat VE-ri gud
Hable más despacio, por favor.	**Please speak slower.** plis spik SLO-ur
Hágalo así.	**Do it like this.** du it laik dis
¿Hay alguna clase de prestaciones?	**Are there benefits?** ar der ben-e-FITS
¿Hay algún baño que pueda usar?	**Is there a bathroom I may use?** is der a BAD-rum ai mei ius
¿Hay algún problema?	**Is there a problem?** is der a pra-BLEM
Hay un problema.	**There is a problem.** der is a PRA-blem
Llámeme, por favor.	**Please call me.** plis kal mi
Me lastimé.	**I hurt myself.** ai jurt MAI-self
Me lastimé en el trabajo.	**I was injured on the job.** ai uas IN-cherd an di chab
Me llamo ___.	**My name is ___.** mai neim is ___
¿Me puede dar una solicitud de empleo?	**May I have an application?** mei ai jav en a-pli-kei-CHAN

¿Me puede llevar por favor a mi casa?	**May I please have a ride home?** mei ai plis jav a raid jom
Me siento enfermo, por favor ¿me puedo ir a mi casa?	**I feel sick, may I please go home?** ai fil sik, mei ai plis go jom
Mi dirección es ___.	**My address is ___.*** mai A-dres is ___
Mi esposo/esposa puede trabajar.	**My husband/wife can work.** mai JAS-bend/uaif kan uork
Mi niño está enfermo.	**My child is sick.** mai chaild is sik
Mi nombre es ___.	**My name is ___.** mai neim is ___
Mi número de Seguro Social es ___.	**My Social Security number is ___.*** mai SO-chal sa-KIUR-e-ti NAM-ber is
Mi número de teléfono es ___.	**My phone number is ___.*** mai foun NAM-ber is ___
Muéstrame, por favor.	**Show me, please.** chou mi, plis
Necesito ___.	**I need ___.†** ai nid ___
Necesito agua.	**I need water.** ai nid UA-ter
Necesito almorzar.	**I need lunch.** ai nid lonch
Necesito comida.	**I need food.** ai nid fud
Necesito descansar.	**I need to take a break.** ai nid tu teik a breik
Necesito tratamiento médico.	**I need medical care.** ai nid ME-di-kal keir

*Números página 22 †Términos útiles página 32

Necesito un aventón.	**I need a ride.** ai nid a raid
No entiendo.	**I don't understand.** ai dont on-der-STAND
No gracias.	**No thank you.** no denk iu
No hay de qué.	**You're welcome.** iur UEL-kam
No hay problema.	**There is not a problem.** der is nat a PRA-blem
No lo haré, es demasiado peligroso.	**I will not do that, it is too dangerous.** ai uil nat du dat, it is tu DEIN-cher-as
No me quiero lastimar.	**I do not want to get hurt.** ai du nat uant tu ket jurt
No me siento bien.	**I do not feel well.** ai du nat fil uel
No necesito almorzar.	**I do not need lunch.** ai du nat nid lonch
No puedo trabajar tarde.	**I cannot work late.** ai kan-NAT uork leit
No tengo dirección para recibir correo.	**I do not have a mailing address.** ai du nat jav a MEI-lin a-DRES
No tengo experiencia, pero pudiera aprender.	**I don't have experience, but I can learn.** ai dont jav ex-PI-ri-ens, bat ai kan lurn
No tengo una camioneta.	**I do not have a truck.** ai du nat jav a trak
No tengo una licencia de manejar.	**I do not have a driver's license.** ai du nat jav a DRAI-vers LAI-sens
No tengo una tarjeta verde.	**I do not have a green card.** ai du nat jav a grin kard

No tengo un coche.	**I do not have a car.** ai du nat jav a kar
No tengo un número de Seguro Social.	**I don't have a Social Security number.** ai dont jav a SO-chal sa-KIUR-e-ti NAM-ber
Pase por mí, por favor.	**Please pick me up.** plis pik mi ap
¿Por cuánto tiempo?	**How long?** jau lang
¿Puede ayudarme?	**Can you help me?** kan iu jelp mi
¿Puedo descansar los ___?	**May I have ___ off?*** mei ai jav ___ af
Puedo empezar a ___.	**I can start at ___.**† ai kan start at ___
Puedo escribir.	**I can write.** ai kan rait
Puedo estar aquí a ___.	**I can be here at ___.**† ai kan bi jir at ___
Puedo hablar un poco de inglés.	**I speak a little English.** ai spik a LI-tel IN-glesh
Puedo hacer eso.	**I can do that.** ai kan du dat
¿Puedo ir a la(s) ___?	**May I leave at ___?**† mei ai liv at ___
Puedo leer.	**I can read.** ai kan rid
¿Puedo regresar otra vez?	**May I come back again?** mei ai kam bak a-KEN
¿Puedo salir temprano hoy?	**May I leave early today?** mei ai liv UR-li tu-DEI

*Días página 26 †Tiempo página 30

Puedo trabajar ___.	**I can work ___.*** ai kan uork ___
Puedo trabajar los fines de semana.	**I can work weekends.** ai kan uork UIK-ends
Puedo trabajar noches.	**I can work nights.** ai kan uork naits
Puedo trabajar tarde.	**I can work late.** ai kan uork leit
¿Qué?	**What?** uat
¿Qué es esto?	**What is this?** uat is dis
¿Qué hora es?	**What time is it?** uat taim is it
¿Qué quiere qué haga?	**What do you want me to do?** uat du iu uant mi tu du
¿Qué tan grande?	**How big?** jau big
¿Qué tan largo?	**How long?** jau lang
¿Qué tan lejos?	**How far?** jau far
¿Quién está encargado de la contratación?	**Who does the hiring?** ju das di JAI-rin
Quiero dejar de trabajar a la(s) ___.	**I would like to quit at ___.†** ai uod laik tu kuit at ___
¿Recibo pago por enfermedad?	**Do I get sick pay?** du ai ket sik pei
Recientemente trabajé en ___.	**Recently I worked at ___.*** RI-sent-li ai uorkd at ___

*Términos útiles página 32 †Tiempo página 30

Recientemente trabajé en un/una ___.	**Recently I worked at a ___.*** RI-sent-li ai uorkd at a ___
Recientemente trabajé en una casa en esta área.	**Recently I worked at a house in the area.** RI-sent-li ai uorkd at a jaus in di E-ri-a
Recójame, por favor.	**Please pick me up.** plis pik mi ap
Repitalo que dijo, por favor.	**Repeat that, please.** ri-PIT dat, plis
¿Se me pagará por mis vacaciones?	**Do I get vacation pay?** du ai ket ve-KEI-chan pei
Siento mucho llegar tarde.	**I'm very sorry I'm late.** aim VE-ri SA-ri aim leit
Sígame, por favor.	**Follow me please.** FA-lou mi plis
Sí por favor.	**Yes please.** yes plis
Soy especialista en ___.	**I am skilled at ___.*** ai am skild at ___
Soy ___. Por favor, ¿puedo hablar con ___?	**This is ___. May I please speak with___?** dis is ___. mei ai plis spik uid ___
¿Tendré seguro de salud?	**Will I have health insurance?** uil ai jav jelz in-chur-ENS
Tengo amigos que quieren trabajar.	**I have friends who want to work.** ai jav frends ju uant tu uork
Tengo ___ años.	**I'm ___ years old.‡** aim ___ iers old
Tengo dirección para recibir correo.	**I have a mailing address.** ai jav a ME-lin a-DRES

*Términos útiles página 32 ‡Números página 22

Tengo experiencia.	**I have experience.** ai jav ex-PI-ri-ens
Tengo experiencia en ___.	**I have experience in ___ .*** ai jav ex-PI-ri-ens in ___
Tengo hambre.	**I am hungry.** ai am JAN-gri
Tengo papeles para trabajar.	**I have work papers.** ai jav uork PEI-pers
Tengo que cuidar a mi hijo.	**I have to take care of my child.** ai jav tu teik keir af mai chaild
Tengo que cuidar a mis hijos.	**I have to take care of my children.** ai jav tu teik keir af mai CHIL-dren
Tengo que ir al doctor/dentista.	**I have to go to the doctor/dentist** ai jav tu go tu di DAK-tor/DEN-tist
Tengo que ir al hospital/clinica.	**I have to go to the hospital/clinic.** ai jav tu go tu di JAS-pi-tal/KLI-nik
Tengo que ir a una boda.	**I have to go to a wedding.** ai jav tu go tu a UED-din
Tengo que ir a un funeral.	**I have to go to a funeral.** ai jav tu go tu a FIUN-e-ral
Tengo referencias de personas con las que he trabajado.	**I have references from people I have worked for.** ai jav REF-ren-ses fram PI-pol ai jav uorkd for
Tengo sed.	**I am thirsty.** ai am DERS-ti
Tengo una camioneta.	**I have a truck.** ai jav a trak
Tengo una cuenta de banco.	**I have a bank account.** ai jav a beink a-KAUND

*Términos útiles página 32

Tengo una licencia de manejo.	**I have a driver's license.** ai jav a DRAI-vers LAI-sens
Tengo un amigo que quiere trabajar.	**I have a friend who wants to work.** ai jav a frend ju uants tu uork
Tengo una tarjeta de Seguro Social.	**I have a Social Security card.** ai jav a SO-chal sa-KIUR-e-ti kard
Tengo una tarjeta verde.	**I have a green card.** ai jav a grin kard
Tengo un coche.	**I have a car.** ai jav a kar
Tengo un número de Seguro Social.	**I have a Social Security number.** ai jav a SO-chal sa-KIUR-e-ti NAM-ber
Tengo un teléfono, mi número es ___.	**I have a telephone, the number is ___.‡** ai jav a TE-le-fon, di NAM-ber is ___
¿Tiene usted otro trabajo para mí?	**Do you have another job for me?** du iu jav a-NODER chab for mi
¿Tomaré un descanso a ___?	**Can I take a break at ___?†** kan ai teik a breik at ___
Tomo el autobús.	**I take the bus.** ai teik di bos
Tomo el metro.	**I take the subway.** ai teik di SAB-uei
Tomo el tren.	**I take the train.** ai teik di trein
Trabajaré ___.	**I will work ___.*** ai uil uork ___
Trabajaré a ___.	**I will work at ___.†** ai uil uork at ___
Trabajaré ___ dia(s).	**I will work ___ day(s).‡** ai uil uork ___ dai(s)

*Términos útiles página 32 †Tiempo página 30 ‡Números página 22

Trabajaré ___ hora(s).	**I will work ___ hour(s).*** ai uil uork ___ AU-er(s)
Trabajaré ___ mes(es).	**I will work ___ month(s).*** ai uil uork ___ monz(s)
Trabajaré por ___.	**I will work for ___.†** ai uil uork for ___
¡Venga acá!	**Come here!** kam jir
¡Venga aquí!	**Come here!** kam jir
Vengo de ___.	**I come from ___.** ai kam from ___
Vengo por aquí cada día.	**I come by here every day.** ai kam bai jir EV-ri dei
Vengo por aquí cada mes.	**I come by here every month.** ai kam bai jir EV-ri monz
Vengo por aquí cada semana.	**I come by here every week.** ai kam bai jir EV-ri uik
Ya me voy.	**I am leaving now.** ai am LI-vin nau
Ya terminé.	**I'm finished.** aim FI-nichd

*Números página 22 †Pago página 19

Dinero	**Money**
cheque(s)	**check(s)** chek(s)
cobrar	**charge** charch
día(s) de pago	**pay day(s)** pei dei(s)
dinero	**money** MA-ni
dólar(es)	**dollar(s)** DA-ler(s)
efectivo	**cash** kach
giro(s) postal(es)	**money order(s)** MA-ni OR-der(s)
más el cuarto y comida	**plus room and board** plas rum end bord
pagar	**pay** pei
pago extraordinario	**bonus** BO-nas
pago extra por horas extras	**overtime pay** O-ver-taim pei
pago por enfermedad	**sick pay** sik pei
propinas	**tips** tips
salario mínimo	**minimum wage** MIN-a-mom uech

Pago — Payment

Pago	Payment
Cobro . . .	**I charge . . .** ai charch
Pago . . .	**I pay . . .** ai pei
Te pagaré . . .	**I will pay you . . .** ai uil pei iu
Trabajaré por . . .	**I will work for . . .** ai uil uork for
. . .$ ___.00 la hora.	**$ ___ dollars an hour.*** $ ___ DA-lers en AU-er
. . .$ ___.25 la hora.	**$ ___ twenty-five an hour.*** $ ___ TUEN-ti-faiv en AU-er
. . .$ ___.50 la hora.	**$ ___ fifty an hour.*** $ ___ FIF-ti en AU-er
. . .$ ___.75 la hora.	**$ ___ seventy-five an hour.*** $ ___ SE-ven-ti faiv en AU-er
. . .$ ___ al día.	**$ ___ dollars a day.*** $ ___ DA-lers a dei
. . .$ ___ al mes.	**$ ___ dollars a month.*** $ ___ DA-lers a monz
. . .$ ___ a la semana.	**$ ___ dollars a week.*** $ ___ DA-lers a uik
¿Cuándo me pagará?	**When will you pay me?** uen uil iu pei mi
¿Cuánto?	**How much?** jau mach

*Números página 22

¿Cuánto cobra usted?	**How much do you charge?** jau mach du iu charch
¿Cuánto paga?	**How much is the pay?** jau mach is di pei
Eso es menos que salario mínimo.	**This is less than minimum wage.** dis is les den MIN-a-mom uech
Este es un cheque sin fondos.	**This is a bad check.** dis is a bad chek
Me pagó demasiado.	**You paid me too much.** iu peid mi tu mach
Mi cheque está incorrecto.	**My check is incorrect.** mai chek is IN-ko-rect
Necesito dinero.	**I need money.** ai nid MA-ni
Necesito más dinero.	**I need more money.** ai nid mor MA-ni
Necesito un anticipo.	**I need an advance.** ai nid en ad-VANS
No me pagó bastante.	**You did not pay me enough.** iu did nat pei mi i-NAF
Por favor págueme ahora.	**Please pay me now.** plis pei mi nau
Por favor págueme con un cheque.	**Please pay me with a check.** plis pei mi uid a chek
Por favor págueme en efectivo.	**Please pay me in cash.** plis pei mi in kach
¿Recibo pago por enfermedad?	**Do I get sick pay?** du ai ket sik pei
¿Se me pagará por mis vacaciones?	**Do I get vacation pay?** du ai ket ve-KEI-chan pei

Números	Numbers
0	**zero** ZI-ro
1	**one** uan
2	**two** tu
3	**three** dri
4	**four** for
5	**five** faiv
6	**six** six
7	**seven** SE-ven
8	**eight** eit
9	**nine** nain
10	**ten** ten
11	**eleven** i-LE-ven
12	**twelve** tuelf
13	**thirteen** DER-tin

14	**fourteen** FOR-tin
15	**fifteen** FIF-tin
16	**sixteen** SIX-tin
17	**seventeen** SE-ven-tin
18	**eighteen** EI-tin
19	**nineteen** NAIN-tin
20	**twenty** TUEN-ti
21	**twenty-one** TUEN-ti-uan
22	**twenty-two** TUEN-ti-tu
30	**thirty** DER-ti
40	**forty** FOR-ti
50	**fifty** FIF-ti
55	**fifty-five** fif-ti-FAIV
60	**sixty** SIX-ti
70	**seventy** SE-ven-ti

80	**eighty** EI-ti
90	**ninty** NAIN-ti
100	**one hundred** uan JAN-dred
150	**one hundred and fifty** uan JAN-dred end FIF-ti
200	**two hundred** tu JAN-dred
300	**three hundred** dri JAN-dred
400	**four hundred** for JAN-dred
500	**five hundred** faiv JAN-dred
600	**six hundred** six JAN-dred
700	**seven hundred** SE-ven JAN-dred
800	**eight hundred** eit JAN-dred
900	**nine hundred** nain JAN-dred
1000	**one thousand** uan DAU-send

Números ordinales | Ordinal numbers

primero	**first** ferst
segundo	**second** SE-kand
tercero	**third** derd
cuarto	**fourth** ford
quinto	**fifth** fifd
sexto	**sixth** sixd
séptimo	**seventh** SE-venz
octavo	**eighth** eid
noveno	**ninth** nainz
décimo	**tenth** tenz

Días / Days

Días	Days
domingo	**Sunday** SAN-dei
lunes	**Monday** MON-dei
martes	**Tuesday** TIUS-dei
miércoles	**Wednesday** UENS-dei
jueves	**Thursday** DERS-dei
viernes	**Friday** FRAI-dei
sábado	**Saturday** SA-ter-dei

¿Cuándo es mi día libre?	**When is my day off?** uen is mai dei af
¿Cuándo son mis días libres?	**When are my days off?** uen ar mai deis af
Estaré aquí el ___.	**I will be here ___.** ai uil bi jir ___
¿Puedo descansar los ___?	**May I have ___ off?** mei ai jav ___ af
Puedo trabajar el ___.	**I can work ___.** ai kan uork ___
Trabajaré ___.	**I will work ___.** ai uil uork ___

Meses	Months
enero	**January** CHA-niu-eri
febrero	**February** FE-biu-eri
marzo	**March** march
abril	**April** EI-pril
mayo	**May** mei
junio	**June** chun
julio	**July** chu-LAI
agosto	**August** A-gost
septiembre	**September** sep-TEM-ber
octubre	**October** ak-TO-ber
noviembre	**November** no-VEM-ber
diciembre	**December** di-SEM-ber

Expresiones de tiempo	Expressions of Time
anoche	**last night** last nait
año(s)	**year(s)** ier(s)
ayer	**yesterday** YES-ter-dei
después	**later** LEI-ter
día(s)	**day(s)** dei(s)
esta noche	**tonight** tu-NAIT
fin(es) de semana	**weekend(s)** UIK-end(s)
hora(s)	**hour(s)** AU-er(s)
hoy	**today** tu-DEI
mañana (el día siguiente)	**tomorrow** ta-MA-rou
mañana(s) (tiempo del día)	**morning(s)** MOR-nin(s)
más tarde	**later** LEI-ter
medianoche	**midnight** MID-nait
mediodía	**noon** nun

mes(es)	**month(s)** monz(s)
minuto(s)	**minute(s)** MI-nit(s)
noche(s)	**night(s)** nait(s)
por la mañana	**in the morning** in di MOR-nin
por la noche	**at night** at nait
próximo	**next** next
semana(s)	**week(s)** uik(s)
semana pasada	**last week** last uik
semana próxima	**next week** next uik
semana que entra	**next week** next uik
tarde(s) (primeras horas)	**afternoon(s)** af-ter-NUN(S)
todo el día	**all day** al dei
todo el tiempo	**all the time** al di taim
todos los días	**everyday** ev-ri-DEI
	daily DEI-li

Tiempo	Time
¿A qué hora debo dejar de trabajar?	**What time will I stop work?** uat taim uil ai stap uork
¿A qué hora debo presentarme?	**What time should I be here?** uat taim chud ai bi jir
¿A qué hora me puedo ir?	**What time may I leave?** uat taim mei ai liv
¿Cuáles son las horas que deberé trabajar?	**What are the hours I will work?** uat ar di AU-ers ai uil uork
¿Cuándo empiezo a trabajar?	**When do I start work?** uen du ai start uork
¿Cuándo es el período de descanso?	**When is break time?** uen is breik taim
Estaré aquí a ___.	**I will be here at ___.** ai uil bi jir at ___
Puedo empezar a ___.	**I can start at ___.** ai kan start at ___
Puedo estar aquí a ___.	**I can be here at ___.** ai kan bi jir at ___
¿Puedo ir a la(s) ___?	**May I leave at ___?** mei ai liv at ___
¿Qué hora es?	**What time is it?** uat taim is it
Quiero dejar de trabajar a la(s) ___.	**I would like to quit at ___.** ai uod laik tu kuit at ___
¿Tomaré un descanso a ___?	**Can I take a break at ___?** kan ai teik a breik at ___
Trabajaré a ___.	**I will work at ___.** ai uil uork at ___

1:00	**one o'clock** uan a-CLAK
1:15	**one fifteen** uan FIF-tin
1:30	**one thirty** uan DER-ti
1:45	**one forty-five** uan FOR-ti-faiv
2:00	**two o'clock** tu a-CLAK
3:00	**three o'clock** dri a-CLAK
4:00	**four o'clock** for a-CLAK
5:00	**five o'clock** faiv a-CLAK
6:00	**six o'clock** six a-CLAK
7:00	**seven o'clock** SE-ven a-CLAK
8:00	**eight o'clock** eit a-CLAK
9:00	**nine o'clock** nain a-CLAK
10:00	**ten o'clock** ten a-CLAK
11:00	**eleven o'clock** i-LE-ven a-CLAK
12:00	**twelve o'clock** tuelf a-CLAK

Términos útiles Useful Terms

Términos útiles	Useful Terms
abajo (dirección)	**down** daun
abajo (piso de abajo)	**downstairs** DAUN-steirs
abajo (posición)	**below** bi-LOU
abanico(s)	**fan(s)** fan(s)
abeja(s)	**bee(s)** bi(s)
abertura(s)	**opening(s)** O-pe-nin(s)
abierto	**open** O-pen
abogado(s)	**lawyer(s)** LOI-yer(s)
abono (mantillo)	**compost** KAM-post
abono(s) (fertilizante)	**fertilizer(s)** FER-ti-lai-ser(s)
abrazadera(s)	**clamp(s)** klamp(s)
abrazadera(s) (soporte)	**bracket(s)** BRA-ket(s)
abrazadera(s) para manguera	**hose clamp(s)** jos klamp(s)
abril	**April** EI-pril

abrir	**open** O-pen
abrir (llave de agua)	**turn on** tern an
abrir (una cerradura)	**unlock** on-LAK
abuela(s)	**grandmother(s)** GRAN-mader(s)
abuelo(s)	**grandfather(s)** GRAN-fader(s)
abuelos	**grandparents** GRAN-pe-rents
abuso	**abuse** a-BIUS
acabado(s)	**finish(es)** FI-nich-(es)
acabador(es)	**finisher(s)** FI-nich-er(s)
acabar	**finish** FI-nich
accidente(s)	**accident(s)** AK-si-dent(s)
aceitar	**oil** oil
aceite	**oil** oil
aceite de motor de dos tiempos	**two-cycle oil** tu-SAI-kal oil
acera(s) (banqueta)	**sidewalk(s)** SAID-uak(s)

acero	**steel** stil
acero inoxidable	**stainless steel** STEIN-les stil
ácido	**acid** A-sid
acondicionador(es) de aire	**air conditioner(s)** eir kan-DI-cha-ner(s)
acosar	**harass** ja-RAS
acoso	**harassment** ja-RAS-ment
acrílico	**acrylic** a-KRI-lik
adaptador(es)	**adapter(s)** a-DAP-ter(s)
adelgazador de pintura	**paint thinner** peint DI-ner
adentro	**inside** in-SAID
adhesivo	**adhesive** ad-JI-sef
adhesivo (pegamento)	**glue** glu
adiós	**goodbye** GUD-bai
áfido(s)	**aphid(s)** EI-fid(s)
afilar	**sharpen** CHAR-pen

aflojador de tierra	**roto-tiller** RO-to-ti-ler
afuera	**outside** AUT-said
agosto	**August** A-gost
agregar (añadir)	**add** ad
agricultor(es)	**farmer(s)** FAR-mer(s)
agricultura	**farming** FAR-min
	agriculture AG-ri-kol-cher
agrimensor(es)	**surveyor(s)** sur-VEI-yer(s)
agua	**water** UA-ter
aguacate(s)	**avocado(s)** a-va-KA-do(s)
aguja(s)	**needle(s)** NI-del(s)
agujero(s)	**hole(s)** jol(s)
ahora mismo	**now** nau
aire	**air** eir
aireador de césped	**lawn aerator** lan ER-ei-tor

airear el césped	**aerate the lawn** ER-eit de lan
aislamiento (material de aislante)	**insulation** in-so-LEI-chan
aislante (construcción/eléctrico)	**insulating** IN-so-lei-tin
aislar (construcción/eléctrico)	**insulate** IN-sa-leit
alambrar	**wire** UA-ir
alambre(s)	**wire(s)** UA-ir(s)
alambre(s) de amarre	**tie wire(s)** tai UA-ir(s)
alambre de pollo	**chicken wire** CHI-ken UA-ir
alambre de púas	**barbed wire** barbd UA-ir
alargar	**stretch** strech
alarma(s)	**alarm(s)** a-LARM(S)
alarma(s) detectora(s) de humo	**smoke alarm(s)** smok a-LARM(S)
albañil(es)	**mason(s)** MEI-san(s)
albañilería	**masonry** MEI-san-ri
albaricoque(s)	**apricot(s)** EI-pra-kat(s)

alberca(s) (piscina)	**pool(s)** pul(s)
albergue(s) de emergencia	**emergency shelter(s)** i-MER-chen-si CHEL-ter(s)
alcalino	**alkaline** AL-ka-lain
alcantarilla (cloaca)	**sewer** SU-ur
alcanzar	**reach** rich
alero	**eaves** ivs
alféizar(es)	**window sill(s)** UIN-dou sil(s)
alfiler(es)	**pin(s)** pin(s)
alfilerar	**pin** pin
alfombra(s)	**carpet(s)** KAR-pet(s)
	rug(s) rag(s)
alicates (pinzas)	**pliers** PLAI-ers
alicates (tenazas)	**nippers** NI-pers
alimento	**food** fud
alisar	**smooth out** smud aut
	flatten FLA-ten

allá	**there** der
allanado	**troweling** TRAU-lin
allanadora(s)	**power trowel(s)** PAU-ur traul(s)
allanar	**make level** meik LE-vol
	smooth out smud aut
	flatten out FLA-ten aut
allí	**there** der
allí abajo	**down there** daun der
allí arriba	**up there** ap der
allí mismo	**right there** rait der
almacén (almacenes)	**storeroom(s)** STOR-rum(s)
	warehouse(s) UEIR-jaus-(es)
almacenar	**store** stor
almácigo(s)	**seedling(s)** SID-lin(s)
almidón	**starch** starch

almidonar	**starch** starch
almidón en aerosol	**spray starch** sprei starch
almohada(s)	**pillow(s)** PEL-o(s)
almuerzo	**lunch** lonch
alquilar	**rent** rent
alto (edificio/persona)	**tall** tal
alto (elevado)	**high** jai
alto (parar)	**stop** stap
altura	**height** jait
aluminio	**aluminum** a-LU-mi-nom
ama(s) de llaves	**housekeeper(s)** JAUS-ki-per(s)
amarillo	**yellow** YEL-o
amarrar	**tie** tai
ambos	**both** bod
ambulancia	**ambulance** AM-biu-lens

amigo(s)	**friend(s)** frend(s)
anaranjado	**orange** O-rench
ancho	**wide** uaid
anchura	**width** uidz
andamiaje	**scaffolding** SKA-fol-din
andamio(s)	**scaffold(s)** SKA-fold(s)
ángulo(s)	**angle(s)** EIN-gal(s)
ángulo(s) recto(s)	**right angle(s)** rait EIN-gal(s)
animal(es)	**animal(s)** A-ni-mal(s)
anoche	**last night** last nait
antes	**before** bi-FOR
antorcha(s)	**torch(es)** TORCH-(es)
anual	**annual** A-niu-al
año(s)	**year(s)** ier(s)
apagado	**turned off** ternd af

apagar	**turn off** tern af
¡Apáguelo!	**Turn off!** tern af
aparador(es) (armario)	**cupboard(s)** KA-bord(s)
apilar	**pile** pail
	stack stak
apisonadora (de tierra)	**tamper** TAM-per
apisonar	**tamp down** tamp daun
aplanadora	**steamroller** STIM-ro-ler
aplanadora mecánica	**bull float** bul flout
aplanar	**flatten** FLA-ten
	grade greid
	level LE-vol
aplicador(es)	**applicator(s)** A-pli-kei-tor(s)
aplicador de lechada	**grout float** graut flout
aplicar	**apply** a-PLAI

aplomar	**plumb** plom
	make vertical meik VER-ta-kal
apoyar	**support** sa-PORT
apoyo(s)	**support(s)** sa-PORT(S)
apuntalamiento	**bracing** BREI-sin
apuntalar	**brace** breis
¡Apúrese!	**Hurry up!** JUR-ri ap
¿A qué distancia?	**How far away?** jau far a-UEI
aquel/aquella	**that** dat
aquellos	**those** dous
aquí	**here** jir
aquí abajo	**down here** daun jir
aquí arriba	**up here** ap jir
aquí mismo	**right here** rait jir
arandela(s)	**washer(s)** UA-cher(s)

araña(s)	**spider(s)** SPAI-der(s)
árbol(es)	**tree(s)** tri(s)
arbusto(s)	**bush(es)** BUCH-(es)
	shrub(s) chrab(s)
arcilla	**clay** klei
arco(s) (arquitectura)	**arch(es)** ARCH-(es)
ardilla(s)	**squirrel(s)** skuerl(s)
área(s)	**area(s)** E-ri-a(s)
arena	**sand** sand
arenoso	**sandy** SAN-di
armadura(s) (estructura)	**truss(es)** TRAS-(es)
armadura(s) de cubierta	**roof truss(es)** ruf TRAS-(es)
armar (estructura)	**frame** freim
armario(s)	**cupboard(s)** KA-bord(s)
armario(s) del empleado de limpieza	**janitor's closet(s)** CHAN-a-tors KLA-set(s)

armario(s) para ropa blanca	**linen closet(s)** LI-nen KLA-set(s)
armazón (estructura)	**framework** FREIM-uork
	framing FREI-min
arnés (arneses)	**harness(es)** JAR-nes-(es)
arnés de seguridad	**safety harness** SEIF-ti JAR-nes
arrancar	**pull out** pul aut
	tear out ter aut
arrastrar	**drag** drag
arreglar	**fix** fix
arriba	**up** ap
	above a-BAF
	overhead O-ver-jed
arriba (en el piso superior)	**upstairs** ap-STEIRS
arriostramiento (soporte)	**bracing** BREI-sin
asa(s) (mango)	**handle(s)** JAN-del(s)

asador	**barbecue** BAR-be-kiu
ascensor(es)	**elevator(s)** EL-a-vei-tor(s)
asegurar (sujetar)	**secure** se-KIUR
aserrín	**sawdust** SA-dast
asesor(es) jurídico(s)	**legal advisor(s)** LI-gol ad-VAI-ser(s)
asfalto	**asphalt** AS-falt
	blacktop BLAK-tap
asiento(s)	**seat(s)** sit(s)
asiento(s) del excusado/inodoro	**toilet seat(s)** TOI-let sit(s)
aspersor(es)	**sprayer(s)** SPREI-er(s)
	sprinkler(s) SPRIN-kler(s)
aspiradora(s)	**vacuum cleaner(s)** VA-kium KLI-ner(s)
aspirar (limpiar con aspiradora)	**vacuum** VA-kium
aspirina	**aspirin** AS-prin
atar	**tie** tai

ático(s)	**attic(s)** A-tik(s)
atornillador eléctrico	**screwgun** SKRU-gon
atornillar	**screw** skru
atrás (detrás)	**back** bak
	behind bi-JAIND
atrás de	**in back of** in bak af
	behind bi-JAIND
a través	**across** a-KRAS
autobús (autobuses)	**bus(es)** BAS-(es)
automático	**automatic** a-to-MA-tik
automóvil(es)	**car(s)** kar(s)
	automobile(s) A-to-mou-bil(s)
aviso(s) de precaución	**warning sign(s)** UAR-nin sain(s)
avispa(s)	**wasp(s)** uasp(s)

avispero	**wasp nest** uasp nest
ayer	**yesterday** YES-ter-dei
ayudar	**help** jelp
ayúdeme	**help me** jelp mi
azada(s)	**hoe(s)** jou(s)
azadón(es)	**hoe(s)** jou(s)
azúcar	**sugar** CHU-gar
azul	**blue** blu
azulejar	**tile** tail
azulejo(s)	**tile(s)** tail(s)
babosa(s) (en el jardín)	**slug(s)** slog(s)
bajante(s) (canaleta)	**downspout(s)** DAUN-spaut(s)
bajo	**low** lou
bajo (estatura)	**short** chort
balanza(s)	**scale(s)** skeil(s)

balcón (balcones)	**balcony (balconies)** BAL-ko-ni (BAL-ko-nis)
balde(s)	**bucket(s)** BA-ket(s)
baldosa(s)	**tile(s)** tail(s)
baldosar	**tile** tail
banco(s)	**bank(s)** bank(s)
banco(s) (asiento)	**bench(es)** BENCH-(es)
banco de trabajo	**work bench** uork bench
banda(s)	**band(s)** band(s)
banda(s) (auto/herramienta)	**belt(s)** belt(s)
banda(s) de lijado	**sanding belt(s)** SAN-din belt(s)
banda(s) para lijadora	**sanding belt(s)** SAN-din belt(s)
bandeja(s)	**tray(s)** trei(s)
banqueta(s)	**sidewalk(s)** SAID-uak(s)
bañarse	**take a bath** teik a bad
bañera(s)	**bathtub(s)** BAD-tob(s)
baño(s)	**bath(s)** bad(s)

baño(s) (cuarto)	**bathroom(s)** BAD-rum(s)
	restroom(s) REST-rum(s)
barandal(es)	**guardrail(s)** GARD-reil(s)
	handrail(s) JAND-reil(s)
barandilla(s)	**handrail(s)** JAND-reil(s)
	railing(s) REI-lin(s)
barandilla(s) de protección	**guardrail(s)** GARD-reil(s)
barato	**cheap** chip
barbacoa(s)	**barbecue(s)** BAR-be-kiu(s)
barniz (barnices)	**varnish(es)** VAR-nich-(es)
	lacquer(s) LA-ker(s)
barnizar	**varnish** VAR-nich
barra(s)	**bar(s)** bar(s)
barrena(s)	**auger(s)** A-gur(s)
barrer	**sweep** suip

barrera(s)	**barrier(s)** BER-i-er(s)
barrera de vapor	**vapor barrier** VEI-por BER-i-er
barreta(s)	**bar(s)** bar(s)
barricada(s)	**barricade(s)** BER-a-keid(s)
barrote(s) (construcción)	**stud(s)** stad(s)
báscula(s)	**scale(s)** skeil(s)
base(s)	**base(s)** BEIS-(es)
base de pintura	**primer** PRAI-mer
básico	**basic** BEI-sik
bastante	**enough** i-NAF
basura	**trash** trach
	garbage GAR-bech
basurero (tiradero)	**dump** domp
basurero(s) (bote de basura)	**garbage can(s)** GAR-bech kan(s)
	trash can(s) trach kan(s)

batería(s)	**battery (batteries)** BA-te-ri (BA-te-ris)
batiente(s) de la puerta	**door jamb(s)** dor cham(s)
bebedero(s)	**drinking fountain(s)** DRIN-kin FAUN-ten(s)
beber	**drink** drink
bebida(s)	**drink(s)** drink(s)
bebida(s) refrescante(s)	**cool drink(s)** kul drink(s)
biberón (biberones)	**baby bottle(s)** BEI-bi BA-tel(s)
bicho(s) (insecto)	**bug(s)** bag(s)
	insect(s) IN-sekt(s)
bicicleta(s)	**bicycle(s)** BAI-si-kal(s)
bien	**well** uel
	good gud
	correct ko-REKT
bifurcación (en un camino, etc.)	**fork** fork
bisagra(s)	**hinge(s)** JINCH-(es)

blanco (color)	**white** uait
blanqueador	**bleach** blich
blanquear	**bleach** blich
bloque(s)	**block(s)** blak(s)
blusa(s)	**blouse(s)** BLAUS-(es)
boca(s)	**mouth(s)** mauz
boda(s)	**wedding(s)** UED-din(s)
bodega(s)	**storeroom(s)** STOR-rum(s)
	warehouse(s) UEIR-jaus-(es)
bolígrafo(s)	**pen(s)** pen(s)
bolsa(s)	**bag(s)** bag(s)
bolsa(s) de aspiradora	**vacuum bag(s)** VA-kium bag(s)
bolsa(s) de clavos	**nail bag(s)** neil bag(s)
bolsa(s) para basura	**trash bag(s)** trach bag(s)
bomba(s) (agua/aire)	**pump(s)** pomp(s)

bomba(s) para fumigar	**sprayer(s)** SPREI-er(s)
bombear (agua/aire)	**pump** pomp
bombilla(s)	**light bulb(s)** lait bolb(s)
boquilla(s)	**nozzle(s)** NA-sel(s)
borde(s)	**edge(s)** ECH-(es)
	border(s) BOR-der(s)
bordeadora(s)	**edger(s)** ECH-er(s)
borde recto	**straight edge** streit ech
bordillo(s)	**curb(s)** kurb(s)
bota(s)	**boot(s)** but(s)
bota(s) de seguridad	**safety boot(s)** SEIF-ti but(s)
botagua(s) (techo/ventana)	**flashing(s)** FLA-chin(s)
bote(s) (recipiente)	**can(s)** kan(s)
bote(s) de basura	**garbage can(s)** GAR̹-bech kan(s)
	trash can(s) trach kan(s)

bote(s) de gasolina	**gas can(s)** gas kan(s)
botella(s)	**bottle(s)** BA-tel(s)
botella(s) (bebé)	**baby bottle(s)** BEI-bi BA-tel(s)
botiquín de primeros auxilios	**first aid kit** ferst eid kit
botón (botones)	**button(s)** BA-ton(s)
botón (botones) (flor/planta)	**bud(s)** bod(s)
brazo(s)	**arm(s)** arm(s)
brea	**tar** tar
	pitch pich
broca(s)	**bit(s)** bit(s)
broca(s) (para un taladro)	**drill bit(s)** dril bit(s)
brocha(s)	**paint brush(es)** peint BRACH-(es)
bronce	**bronze** brans
brotar (flor/planta)	**bud** bod
brotar (germinar)	**sprout** spraut

brote(s) (flor/planta)	**bud(s)** bod(s)
brote(s) (planta/semilla)	**sprout(s)** spraut(s)
	shoot(s) chut(s)
buenas noches	**good evening** gud IV-nin
buenas tardes	**good afternoon** gud af-ter-NUN
bueno	**good** gud
buenos días	**good morning** gud MOR-nin
bujía(s)	**spark plug(s)** spark plog(s)
bulbo(s)	**bulb(s)** bolb(s)
buldózer(es)	**bulldozer(s)** BUL-do-ser(s)
burro(s) (tabla de planchar)	**ironing board(s)** AI-er-nin bord(s)
buscar	**look for** luk for
	search for serch for
buzón (buzones)	**mailbox(es)** MEIL-box-(es)
caballete(s) (burro)	**sawhorse(s)** SA-jors-(es)

caballete(s) (techo)	**ridge(s)** RICH-(es)
cabeza(s)	**head(s)** jed(s)
cabio(s) (viga)	**rafter(s)** RAF-ter(s)
cable(s)	**cable(s)** KEI-bal(s)
	wire(s) UA-ir(s)
cable(s) de extensión	**extension cord(s)** ex-TEN-chan kord(s)
cable(s) eléctrico(s)	**electrical cord(s)** e-LEK-tri-kal kord(s)
	power cord(s) PAU-ur kord(s)
cableado	**wiring** UA-ir-rin
cacerola(s)	**pan(s)** pan(s)
cadena(s)	**chain(s)** chein(s)
cadera(s)	**hip(s)** jip(s)
caduco (botánica)	**deciduous** de-SID-chu-os
caer	**drop** drap
	fall fal

café (bebida)	**coffee** KA-fi
café (marrón)	**brown** braun
cafetera(s)	**coffeemaker(s)** KA-fi-mei-ker(s)
	coffeepot(s) KA-fi-pat(s)
caja(s)	**box(es)** BOX-(es)
caja(s) de ángulos	**miter box(es)** MAI-ter BOX-(es)
caja(s) de cartón	**cardboard box(es)** KARD-bord BOX-(es)
caja(s) de herramientas	**tool box(es)** tul BOX-(es)
caja(s) de ingletes	**miter box(es)** MAI-ter BOX-(es)
caja(s) eléctrica(s)	**electrical box(es)** e-LEK-tri-kal BOX-(es)
cajón (cajones)	**drawer(s)** dror(s)
cal	**lime** laim
calafatear	**caulk** kak
calafateo	**caulk** kak
calcetín (calcetines)	**sock(s)** sak(s)

calefacción	**heat** jit
	heating JI-tin
calentador(es)	**heater(s)** JI-ter(s)
	furnace(s) FUR-nes-(es)
calentador(es) de agua	**water heater(s)** UA-ter JI-ter(s)
calentar	**warm** uorm
	heat up jit ap
calentura	**fever** FI-ver
calidad(es)	**quality (qualities)** KUAL-e-ti (KUAL-e-tis)
caliente	**warm** uorm
	hot jat
calle(s)	**street(s)** strit(s)
calor	**heat** jit
calza(s) (cuña)	**shim(s)** chim(s)
	wedge(s) WECH-(es)

cama(s)	**bed(s)** bed(s)
cama(s) de flores	**flower bed(s)** FLAU-ur bed(s)
camarera(s)	**waitress(es)** UEI-tres-(es)
camarero(s)	**waiter(s)** UEI-tur(s)
cambiar	**change** cheinch
cambio de aceite	**oil change** oil cheinch
caminar	**walk** uak
camino(s) (carretera)	**road(s)** roud(s)
camino(s) (senda)	**walkway(s)** UAK-uei(s)
camión (camiones)	**truck(s)** trak(s)
camión (camiones) de extensión	**reach truck(s)** rich trak(s)
camión (camiones) de volteo	**dump truck(s)** domp trak(s)
camión (camiones) mezcladora	**concrete truck(s)** KAN-krit trak(s) **cement truck(s)** si-MENT trak(s)
camioneta(s)	**pickup truck(s)** PIK-ap trak(s)

camisa(s)	**shirt(s)** chert(s)
campana(s) de extracción	**range hood(s)** reinch jud(s)
campo(s) (pasto, cultivo)	**field(s)** fild(s)
canal(es)	**channel(s)** CHA-nel(s)
canaleta(s)	**gutter(s)** GA-ter(s)
	downspout(s) DAUN-spaut(s)
canasta(s)	**basket(s)** BAS-ket(s)
cantidad(es)	**quantity (quantities)** KUAN-te-ti (KUAN-te-tis)
cañería (alcantarilla/cloaca)	**sewer** SU-ur
cañería (tubería)	**pipes** paips
	piping PAI-pin
capa arable	**topsoil** TAP-soil
capa de acabado	**finish coat** FI-nich kot
capa final	**top coat** tap kot
cara(s)	**face(s)** FEIS-(es)

caracol(es)	**snail(s)** sneil(s)
careta facial	**faceshield** FEIS-child
carga(s)	**load(s)** loud(s)
cargador(es) (batería/pila)	**charger(s)** CHAR-cher(s)
cargador(es) de batería	**battery charger(s)** BA-te-ri CHAR-cher(s)
cargador frontal	**front end loader** frant end LOU-dur
cargar (batería)	**charge** charch
cargar (llenar)	**load** loud
carpintería	**carpentry** KAR-pen-tri
carpintero(s)	**carpenter(s)** KAR-pen-ter(s)
carreta(s)	**cart(s)** kart(s)
carretera(s)	**road(s)** roud(s)
carretilla(s)	**wheelbarrow(s)** UIL-be-rou(s)
carretilla(s) de mano	**dolly (dollies)** DA-li (DA-lis)
carretilla(s) elevadora(s)	**forklift(s)** FORK-lift(s)

carretilla(s) retráctil(es)	**reach truck(s)** rich trak(s)
carro(s)	**car(s)** kar(s)
cartón	**cardboard** KARD-bord
cartucho(s)	**cartridge(s)** KAR-trich-(es)
casa(s)	**house(s)** JAUS-(es)
cascajo (grava)	**gravel** GRA-vel
casco(s) duro(s)	**hard hat(s)** jard jat(s)
casco(s) protector(es)	**hard hat(s)** jard jat(s)
caspilla	**scale** skeil
catarina(s)	**ladybug(s)** LEI-di bag(s)
caucho	**rubber** RA-ber
cebar (un trampa)	**bait** beit
cebo para hormigas	**ant bait** ant beit
cementar	**cement** sa-MENT
cemento	**cement** sa-MENT

cena	**dinner** DI-ner
	supper SA-per
cenicero(s)	**ashtray(s)** ACH-trei(s)
ceniza(s)	**ash(es)** ACH-(es)
centavos	**cents** sens
centrar	**center** SEN-ter
centro (de la ciudad)	**downtown** DAUN-taun
centro(s)	**center(s)** SEN-ter(s)
centro(s) de empleo	**hiring center(s)** JAI-rin SEN-ter(s)
centro(s) de trabajo	**day labor center(s)** dei LEI-ber SEN-ter(s)
centro(s) social(es)	**community center(s)** ko-MIU-ni-ti SEN-ter(s)
cepa(s) (tocón)	**stump(s)** stamp(s)
cepilladora eléctrica	**planer** PLEI-nur
cepillar	**brush** brach
cepillar (madera)	**plane** plein

cepillo(s)	**brush(es)** BRACH-(es)
cepillo(s) (carpintería)	**plane(s)** plein(s)
cepillo(s) (escoba)	**push broom(s)** puch brum(s)
cepillo(s) de alambre	**wire brush(es)** UA-ir BRACH-(es)
cepillo(s) para limpiar el excusado/inodoro	**toilet brush(es)** TOI-let BRACH-(es)
cera(s)	**wax(es)** UAX-(es)
cerámica(s)	**ceramic(s)** se-RA-mik(s)
cerca	**near** nir
	close klos
cerca(s)	**fence(s)** FENS-(es)
cerca de	**near to** nir tu
cereza(s)	**cherry (cherries)** CHE-ri (CHE-ris)
cerillo(s)	**match(es)** MACH-(es)
cerrado	**closed** klosd
cerradura(s)	**lock(s)** lak(s)

cerrar	**close** klos
	shut chat
cerrar (llave de agua)	**turn off** tern af
cerrar con llave	**lock up** lak ap
certificado(s)	**certificate(s)** ser-TI-fa-ket(s)
certificado(s) de seguro	**certificate(s) of insurance** ser-TI-fa-ket(s) af in-CHUR-ens
certificado/a	**certified** SER-ta-faid
césped(es)	**grass(es)** GRAS-(es)
	lawn(s) lan(s)
cesta(s)	**basket(s)** BAS-ket(s)
cesto(s) de basura	**wastepaper basket(s)** ueist-PEI-per BAS-ket(s)
cesto(s) de ropa	**laundry basket(s)** LAN-dri BAS-ket(s)
cesto(s) de ropa sucia	**hamper(s)** JAM-per(s)
chabacano(s) (fruta)	**apricot(s)** EI-pra-kat(s)
chaleco(s)	**vest(s)** vest(s)

chaleco(s) de alta visibilidad	**safety vest(s)** SEIF-ti vest(s)
chamarra(s)	**jacket(s)** CHA-ket(s)
champiñón (champiñones)	**mushroom(s)** MACH-rum(s)
champú	**shampoo** cham-PU
chapa metálica	**sheet metal** CHIT ME-tal
chapapote	**tar** tar
chapulín (chapulines)	**grasshopper(s)** GRAS-ja-per(s)
chaqueta(s)	**jacket(s)** CHA-ket(s)
charco(s) (estanque)	**pond(s)** pand(s)
charola(s)	**tray(s)** trei(s)
cheque(s)	**check(s)** chek(s)
chica(s) (muchacha)	**girl(s)** kerl(s)
chico (pequeño)	**little** LI-tel
chico(s) (muchacho)	**boy(s)** boi(s)
chile(s)	**pepper(s)** PE-per(s)

chimenea(s) (fuego)	**fireplace(s)** FAIR-pleis-(es)
chimenea(s) (humo)	**chimney(s)** CHIM-ni(s)
chinches	**bedbugs** BED-bags
chorro(s) (Jacuzzi®/gas)	**jet(s)** chet(s)
chorro de arena	**sandblast** SAND-blast
cielo	**sky** skai
cielo raso	**drop ceiling** drap SI-lin
cimbra(s) (concreto)	**form(s)** form(s)
cimentación (cimentaciones)	**footing(s)** FU-tin(s)
	foundation(s) faun-DEI-chan(s)
cimiento(s)	**foundation(s)** faun-DEI-chan(s)
	footing(s) FU-tin(s)
cincel(es)	**chisel(s)** CHI-sel(s)
cincelar	**chisel** CHI-sel
cinta(s)	**tape(s)** teip(s)

cinta(s) de medir	**tape measure(s)** teip ME-chur(s)
cinta(s) métrica	**tape measure(s)** teip ME-chur(s)
cinta adhesiva opaca	**masking tape** MAS-kin teip
cinta de advertencia	**caution tape** KA-chon teip
cinta eléctrica	**electrical tape** e-LEK-tri-kal teip
cinturón (cinturones)	**belt(s)** belt(s)
cinturón de seguridad	**seat belt** sit belt
	safety belt SEIF-ti belt
cinturón de soporte lumbar	**back belt** bak belt
cinturón protector lumbar	**back belt** bak belt
círculo(s)	**circle(s)** SIR-kel(s)
circunferencia(s)	**circumference(s)** sir-KOM-frens-(es)
ciruela(s)	**plum(s)** plom(s)
ciudad(es)	**city (cities)** SI-ti (SI-tis)
clavador	**nail set** neil set
	nail punch neil ponch

clavadora neumáticas	**pneumatic nailer** niu-MA-tik NEI-ler
	nail driver neil DRAI-ver
clavar	**nail** neil
	hammer JA-mer
clavija(s) (carpintería)	**peg(s)** peig(s)
	dowel(s) daul(s)
clavija(s) (eléctrico)	**plug(s)** plog(s)
clavija con toma a tierra	**grounded plug** GRAUN-ded plog
clavija conectada a tierra	**grounded plug** GRAUN-ded plog
clavo(s)	**nail(s)** neil(s)
cloaca	**sewer** SU-ur
cloro (blanqueador)	**bleach** blich
cloro (químico)	**chlorine** klo-RIN
closet(s)	**closet(s)** KLA-set(s)

closet(s) del empleado de limpieza	**janitor's closet(s)** CHAN-a-tors KLA-set(s)
cobertizo(s)	**shed(s)** ched(s)
cobija(s)	**blanket(s)** BLEIN-ket(s)
cobrar (un precio/honorarios)	**charge** charch
cobre	**copper** KA-per
coche(s)	**car(s)** kar(s)
cochera(s)	**garage(s)** ga-RACH-(es)
cocina(s) (cuarto)	**kitchen(s)** KI-chen(s)
cocina(s) (para cocinar)	**stove(s)** stof(s)
cocinar	**cook** kuk
cocinero/a(s)	**chef(s)** chef(s)
	cook(s) kuk(s)
código(s) de construcción	**building code(s)** BIL-din kod(s)
código(s) postal(es)	**zip code(s)** zip kod(s)
codo(s)	**elbow(s)** EL-bou(s)

colcha(s)	**bedspread(s)** BED-spred(s)
colchón (colchones)	**mattress(es)** MACH-res-(es)
colgar	**hang** jeng
colmena(s)	**beehive(s)** BI-jaiv(s)
colocación (colocaciones)	**placement(s)** PLEIS-ment(s)
colocar (poner)	**place** pleis
colocar estuco	**stucco** STA-ko
colonia de hormigas	**ant colony** ant KA-la-ni
color(es)	**color(s)** KA-lor(s)
color de rosa	**pink** pink
columna(s)	**column(s)** KA-lom(s)
comedor(es)	**dining room(s)** DAI-nin rum(s)
comer	**eat** it
comestibles	**groceries** GRO-se-ris
comida (alimento)	**food** fud

[illegible]	**lunch** lonch
[illegible]	**how** jau
[illegible]a(s)	**dresser(s)** DRE-ser(s)
compactador(es)	**compactor(s)** kom-PAK-tor(s)
compactar	**compact** kom-PAKT
compañía(s)	**company (companies)** KOM-pa-ni (KOM-pa-nis)
compañía de jardinería	**landscape company** LAND-skeip KOM-pa-ni
compañía de mudanzas	**moving company** MU-vin KOM-pa-ni
completar	**complete** kom-PLIT
componer (reparar)	**fix** fix
comprar	**buy** bai
comprender (entender)	**understand** on-der-STAND
compresor(es)	**compressor(s)** kom-PRE-sor(s)
compresor de aire	**air compressor** eir kom-PRE-sor
comprobar	**check** chek

compuesto para juntas	**joint compound** choint KAM-pound
computadora(s)	**computer(s)** kom-PIU-ter(s)
con	**with** uid
concreto	**concrete** KAN-krit
concreto postensado	**post-tensioned concrete** pos-TEN-chand KAN-krit
concreto pretensado	**prestressed concrete** PRI-stresd KAN-krit
conducto	**conduit** KAN-du-it
	duct doct
conectar	**connect** ka-NEKT
conector(es)	**connector(s)** ka-NEK-tor(s)
conejo(s)	**rabbit(s)** RA-bit(s)
conexión (conexiones)	**connection(s)** ko-NEK-chan(s)
congelación	**freezing** FRI-sin
congelado	**frozen** FRO-sen
congelador(es)	**freezer(s)** FRI-ser(s)

r	**freeze** fris
o(s) de seguridad	**safety cone(s)** SEIF-ti kon(s)
construcción	**construction** kon-STROK-chan
constructor(es)	**builder(s)** BIL-der(s)
construir	**build** bild
	construct kan-STROKT
construir el armazón	**frame** freim
contar	**count** caunt
contenedor(es) de basura	**dumpster(s)** DOM-ster(s)
contenedor(es) de escombros	**dumpster(s)** DOM-ster(s)
contorneadora(s)	**router(s)** RAU-ter(s)
contracción (contracciones)	**contraction(s)** kon-TRAK-chan(s)
contratista(s)	**contractor(s)** KON-trak-tor(s)
contratista(s) general(es)	**general contractor(s)** CHEN-e-ral KON-trak-tor(s)
contrato(s)	**contract(s)** KON-trakt(s)

contrato por escrito	**written contract** RI-ten KON-trakt
contraventana(s)	**shutter(s)** CHA-ter(s)
control(es) remoto(s)	**remote control(s)** ri-MOT kan-TROL(S)
controlar	**control** kan-TROL
control de la erosión	**erosion control** i-RO-chan kan-TROL
control de malezas	**weed control** uid kan-TROL
control de plagas	**pest control** pest kan-TROL
cordón (cordones)	**cord(s)** kord(s)
correa(s)	**strap(s)** strap(s)
correa(s) (cinturón)	**belt(s)** belt(s)
corrección de suelos	**soil amendments** soil a-MEN-ments
correcto	**correct** ko-REKT
correo	**mail** meil
correo electrónico	**email** I-meil
cortador(es) de alambre	**wire cutter(s)** UA-ir KA-ter(s)

	pipe cutter(s) paip KA-ter(s)
	cutter(s) KA-ter(s)
ora(s) de césped (pasto/zacate)	**lawn mower(s)** lan MO-uer(s)
cortadora(s) de hierbas malas	**weed cutter(s)** uid KA-ter(s)
cortar	**cut** kat
cortar (con sierra)	**saw** sa
cortar (picar)	**chop** chap
cortar el césped (pasto/zacate)	**mow the grass** mou di gras
cortasetos	**hedge trimmers** jech TRI-mers
cortatubos	**pipe cutter** paip KA-ter
corte(s) de pelo	**haircut(s)** JEIR-kat(s)
corteza (de un árbol)	**bark** bark
corteza de pino	**bark chips** bark chips
cortina(s)	**curtain(s)** KUR-ten(s)
cortina(s) de baño	**shower curtain(s)** CHA-uer KUR-ten(s)

cortinas	**drapes** dreips
corto	**short** chort
cosechar	**harvest** JAR-vest
	pick pik
coser	**sew** sou
costoso	**expensive** ex-PEN-siv
costura	**sewing** SO-uin
cotización (cotizaciones)	**estimate(s)** ES-ta-met(s)
crecimiento de la planta	**plant growth** plant groud
crema para pulir	**polish** PA-lich
criada(s)	**maid(s)** meid(s)
cuadrado(s)	**square(s)** skuer(s)
cuadrilla(s) (de obreros)	**crew(s)** kru(s)
cuadro(s)	**picture(s)** PIK-chur(s)
¿Cuándo?	**When?** uen

	How much? jau mach
tiempo?	**How long?** jau lang
uántos?	**How many?** jau ME-ni
cuarto(s) (fracción)	**quarter(s)** KUOR-ter(s)
	fourth(s) forz(s)
cuarto(s) (habitación)	**room(s)** rum(s)
cuarto(s) de huésped	**guest room(s)** kest rum(s)
cuarto de familia	**family room** FAM-li rum
cuarto y comida	**room and board** rum and bord
cubeta(s)	**bucket(s)** BA-ket(s)
cubeta(s) para hielo	**ice bucket(s)** ais BA-ket(s)
cubierta(s) (de cocina/baño)	**countertop(s)** KAUN-ter-tap(s)
cubierta protectora (para el jardín)	**mulch** molch
cubiertos (para comer)	**silverware** SIL-ver-ueir
cubrir	**cover** KA-ver

cucaracha(s)	**cockroach(es)** KAK-roch-(es)
cuchara(s)	**spoon(s)** spun(s)
cuchara(s) (construcción)	**trowel(s)** traul(s)
cuchilla(s)	**blade(s)** bleid(s)
cuchilla(s) para sierra	**saw blade(s)** sa bleid(s)
cuchillo(s)	**knife (knives)** naif (naivs)
cuchillo de uso general (cuchillo multiusos)	**utility knife** iu-TI-li-ti naif
cuello(s)	**neck(s)** nek(s)
cuello(s) (de una camisa)	**collar(s)** KA-lur(s)
cuenta de ahorros	**savings account** SEI-vins a-KAUNT
cuenta de banco	**bank account** beink a-KAUNT
cuerda(s)	**cord(s)** kord(s)
	rope(s) rop(s)
	string(s) strin(s)
cuerda(s) elástica(s)	**bungee cord(s)** BON-chi kord(s)

...ra la orilladora	**trimmer line** TRI-mer lain
	leather leder
...ado	**careful** KEIR-fol
¡Cuidado!	**Watch out!** uach aut **Look out!** luk aut
cuidado de niños	**child care** chaild keir
cuidadosamente	**carefully** KEIR-fo-li
cultivador(es)	**grower(s)** GRO-uer(s)
cultivar	**grow** grou
cumbre	**ridge** rich **peak** pik
cuna(s) (bebé)	**crib(s)** krib(s)
cuneta(s) (de una calle)	**gutter(s)** GA-ter(s)
cuña(s)	**wedge(s)** UECH-(es) **shim(s)** chim(s)

curado	**curing** KIU-rin
curar	**cure** kiur
damasco(s) (chabacano)	**apricot(s)** EI-pra-kat(s)
dañado	**damaged** DA-mechd
dañar (objeto)	**damage** DA-mech
dañar (persona)	**hurt** jurt
daño (objeto)	**damage** DA-mech
daño (persona)	**hurt** jurt
dar forma a	**shape** cheip
dar marcha atrás	**back up** bak ap
debajo	**under** AN-der
deciduo	**deciduous** de-SID-chiu-as
décimo	**tenth** tenz
dedo(s)	**finger(s)** FIN-gur(s)
dedo(s) del pie	**toe(s)** to(s)

ctuoso	**defective** di-FEK-tiv
ejar caer	**drop** drap
	let go of let go af
dejar de hacer	**stop doing** stap DU-in
dejar de trabajar	**stop working** stap UOR-kin
delantal(es)	**apron(s)** EI-pran(s)
delgado	**thin** din
demoler	**demolish** di-MA-lich
demolición	**demolition** dem-o-LI-chan
de nada	**you're welcome** iur UEL-kam
dentro	**inside** in-SAID
de nuevo	**again** a-KEN
Departamento de Inmigración	**Immigration Department** im-a-GREI-chan di-PAR-ment
derecha	**right** rait
derecho	**straight** streit

derramar	**spill** spil
derribar	**demolish** di-MA-lich
	knock down nak daun
derrumbe	**collapse** ko-LAPS
	cave in keiv in
derrumbe (de tierras)	**landslide** LAND-slaid
desafilado	**dull** dol
desafilar	**dull** dol
desagüe (drenaje)	**drainage** DREI-nech
desagüe(s)	**drain(s)** drein(s)
desagüe(s) (de un techo)	**gutter(s)** GA-ter(s)
desarmador(es)	**screwdriver(s)** SKRU-drai-ver(s)
desarmador(es) eléctrico(s)	**screwgun(s)** SKRU-gon(s)
desatar	**untie** on-TAI
desatascador(es)	**plunger(s)** PLAN-cher(s)

desayuno	**breakfast** BREK-fest
desbloquear	**unblock** on-BLAK
descansar	**rest** rest
descanso	**break** breik
descanso de la escalera	**stair landing** steir LAN-din
descargar	**unload** an-LOUD
descompuesto	**broken** BRO-ken
desconectar	**disconnect** dis-ko-NEKT
descongelar	**thaw** da
	defrost di-FROST
desechos (residuos)	**debris** de-BRI
	trash trach
	waste ueist
desechos de construcción	**construction waste** kon-STROK-chan ueist
desechos de jardín	**yard waste** yard ueist

deshielo	**thawing** DA-in
	defrosting di-FROS-tin
deshierbar	**weed** uid
desigual (desparejo)	**uneven** on-I-ven
desinfectante	**disinfectant** dis-in-FEK-tant
desinfectar	**disinfect** dis-in-FEKT
desmantelar	**dismantle** dis-MAN-tel
desparejo (desigual)	**uneven** on-I-ven
desparramar	**spread** spred
despejar el terreno	**clear the land** klir di land
despensa(s)	**pantry (pantries)** PAN-tri (PAN-tris)
despierto	**awake** a-UEK
después	**after** AF-ter
	later LEI-ter
destapacaños	**plunger** PLON-cher
destapador(es) de caños	**plunger(s)** PLON-cher(s)

destornillador(es)	**screwdriver(s)** SKRU-drai-ver(s)
destornillador(es) eléctrico(s)	**screwgun(s)** SKRU-gon(s)
detener (represar)	**dam** dam
detergente(s)	**detergent(s)** di-TER-chent(s)
detrás (atrás)	**back** bak
	behind bi-JAIND
detrás de	**behind** bi-JAIND
	in back of in bak af
día(s)	**day(s)** dei(s)
día(s) feriado(s)	**holiday(s)** JA-la-dei(s)
día(s) festivo(s)	**holiday(s)** JA-la-dei(s)
diablo(s) (carretilla)	**dolly (dollies)** DA-li (DA-lis)
	handtruck(s) JAND-trak(s)
diagonal	**diagonal** dai-A-go-nal
diámetro(s)	**diameter(s)** dai-A-me-ter(s)

diciembre	**December** di-SEM-ber
diente(s)	**tooth (teeth)** tuz (tiz)
difícil	**difficult** DI-fa-kolt
dimensión (dimensiones)	**dimension(s)** di-MEN-chan(s)
dique(s)	**dam(s)** dam(s)
dirección (direcciones) (hogar/correo)	**address(es)** A-dres-(es)
discapacidad(es)	**disability (disabilities)** di-sa-BI-la-ti (di-sa-BI-la-tis)
disco(s) (cuchilla)	**blade(s)** bleid(s)
discúlpeme	**excuse me** ex-KIUS mi
disolvente para pintura	**paint thinner** peint DI-ner
disparejo (desigual)	**uneven** on-I-ven
distribuir	**distribute** dis-TRI-biut
doblar (plegar)	**fold** fold
doblar la ropa	**fold the clothes** fold di klos
doble verificación	**double check** DA-bul chek

dólar(es)	**dollar(s)** DA-ler(s)
dolor de cabeza	**headache** JED-eik
dolor de estómago	**stomach ache** STA-mek eik
domingo	**Sunday** SON-dei
¿Dónde?	**Where?** uer
dormido	**asleep** a-SLIP
dormir	**sleep** slip
drenaje	**drainage** DREI-nech
drenaje(s)	**drain(s)** drein(s)
drenaje cubierto con grava	**french drain** french drein
drenaje tipo francés	**french drain** french drein
drenar	**drain** drein
ducha(s)	**shower(s)** CHA-uer(s)
ducharse	**take a shower** teik a CHA-uer
ducto(s)	**duct(s)** dakt(s)

dueño(s)	**landlord(s)** LAND-lord(s)
	owner(s) OU-ner(s)
duración	**length** lend
durazno(s)	**peach(es)** PICH-(es)
durmiendo	**sleeping** SLI-pin
echar en reversa	**back up** bak ap
edificio(s)	**building(s)** BIL-din(s)
efectivo	**cash** kach
electricidad	**electricity** e-lek-TRI-sa-ti
electricista(s)	**electrician(s)** e-lek-TRI-chan(s)
eléctrico	**electric** e-LEK-trik
	electrical e-LEK-tri-kal
electrocución	**electrocution** e-lek-tro-KIU-chan
electrocutar	**electrocute** e-LEK-tro-kiut
elevación	**elevation** e-la-VEI-chan

elevador(es)	**elevator(s)** E-la-vei-tor(s)
elevador(es) de servicio	**freight elevator(s)** freit E-la-vei-tor(s)
	service elevator(s) SER-ves E-la-vei-tor(s)
embalse(s)	**dam(s)** dam(s)
emboquillar (lecharear)	**grout** graut
embotado	**dull** dol
embotar	**dull** dol
embrague	**clutch** clach
emergencia(s)	**emergency (emergencies)** i-MER-chen-si (i-MER-chen-sis)
empalmar (unir)	**splice** splais
	join choin
empalme(s) (unión)	**splice(s)** SPLAIS-(es)
	junction(s) YONK-chan(s)
empapar	**soak** souk
empaque(s) (arandela)	**washer(s)** UA-cher(s)

empaquetar	**pack** pak
emparejar (nivelar)	**make level** maik LE-vol
	smooth out smud aut
empezar	**start** start
	begin bi-KIN
empleado(s)	**employee(s)** em-PLOI-yi(s)
empleado(s) de limpieza	**janitor(s)** CHAN-a-tor(s)
empleador(es)	**employer(s)** em-PLOI-yer(s)
emplear (persona)	**employ** em-PLOI
empujar	**push** puch
en (a)	**at** at
en (adentro)	**in** in
en (sobre)	**on** an
encargado(s) de limpieza	**housekeeper(s)** JAUS-ki-per(s)
encender (con fuego)	**light** lait

encender (con un interruptor)	**turn on** tern an
encendido (luz)	**turned on** ternd an
encerar	**wax** uax
encerar (pulir)	**polish** PA-lich
enchufar (enchufe)	**plug in** plog in
enchufe(s) (clavija)	**plug(s)** plog(s)
enchufe(s) (para bombilla)	**socket(s)** SA-ket(s)
enchufe(s) eléctrico(s) (tomacorriente)	**electrical outlet(s)** e-LEK-tri-kal AUT-let(s)
¡Enciéndalo!	**Turn on!** tern an
encima de	**above** a-BAF
	on top of an tap af
	over O-ver
encofrado(s)	**formwork(s)** FORM-uork(s)
	form(s) form(s)
encofrando	**framing** FREI-min

encontrar	**find** faind
energía	**energy** EN-er-chi
	power PAU-ur
enero	**January** CHA-niu-eri
enfermedad(es)	**disease(s)** de-SIS-(es)
	sickness(es) SIK-nes-(es)
enfermedad(es) de la planta	**plant disease(s)** plant de-SIS-(es)
enfermo	**sick** sik
enganchar	**hook** huk
engrapar	**staple** STEI-pal
engrasar	**grease** gris
enjuagar	**rinse** rins
enmarcar	**frame** freim
enmasillar	**putty** PA-ti
	caulk kak

enmienda(s)	**amendment(s)** a-MEN-ment(s)
enmiendas de suelos	**soil amendments** soil a-MEN-ments
enmohecer (oxidar)	**rust** rast
enmohecerse	**mildew** MIL-du
	mold mold
enrasado	**leveling** LE-vo-lin
	screeding SKRI-din
enrasador(es)	**screed(s)** skrid(s)
enrasar	**level** LE-vol
	screed skrid
enredadera (hiedra)	**ivy** AI-vi
enredadera(s) (trepadora)	**vine(s)** vain(s)
enrejado(s) (para las plantas)	**trellis(es)** TRE-lis-(es)
ensambladora(s)	**jointer(s)** CHOI-ner(s)
ensamblar	**assemble** a-SEM-bal

enséñame	**teach me** tich mi
	show me chou *mi*
enseñanza	**training** TREI-nin
enseñar	**teach** tich
ensuciar	**dirty** DER-ti
entablado (tablas)	**sheathing** CHI-din
entender	**understand** on-der-STAND
entrada(s)	**entrance(s)** EN-trans-(es)
entrada(s) de auto	**driveway(s)** DRAIV-uei(s)
entrada(s) para vehículos	**driveway(s)** DRAIV-uei(s)
entramado	**framing** FREI-min
entrega(s)	**delivery (deliveries)** da-LI-ver-i (da-LI-ver-is)
entregar	**deliver** da-LI-ver
entrenador(es)	**trainer(s)** TREI-ner(s)
entrenamiento	**training** TREI-nin

entrenar	**train** trein
enviar	**send** send
enviar por correo	**mail** meil
equipo (aparato)	**equipment** i-KUIP-ment
equipo de bombeo de concreto	**conrete pump** KAN-krit pomp
equipo de seguridad	**safety equipment** SEIF-ti i-KUIP-ment
equipo para trepar	**climbing equipment** KLAI-min i-KUIP-ment
erosión	**erosion** i-RO-chan
erosionar	**erode** i-ROUD
esa	**that** dat
esas	**those** dous
escalar	**climb** klaim
escalera (escaleras)	**stairs** steirs
	staircase STEIR-keis
[illegible]a(s) (portátil)	**ladder(s)** LA-der(s)

escalera(s) de extensión	**extension ladder(s)** ex-TEN-chan LA-der(s)
escalera(s) de incendios	**fire escape(s)** fair ES-keip(s)
escalera(s) de tijera	**stepladder(s)** STEP-la-der(s)
escalera(s) mecánica(s)	**escalator(s)** ES-ca-lei-tor(s)
escalón (escalones)	**step(s)** step(s)
escalón (escalones) (escalera portátil)	**rung(s)** ron(s)
escama (insecto)	**scale** skeil
escape (vehículo)	**exhaust** ex-SAST
escape de humo	**flue** flu
escarabajo(s)	**beetle(s)** BI-tal(s)
escarcha	**frost** frast
escardar	**weed** uid
escoba(s)	**broom(s)** brum(s)
escobilla(s)	**whiskbroom(s)** UISK-brum(s)
escoger	**choose** chus

escombros	**debris** de-BRI
	rubbish RA-bich
escribir	**write** rait
escritorio(s)	**desk(s)** desk(s)
escuadra(s)	**square(s)** skuer(s)
escuchar	**listen** LI-sen
escuela(s)	**school(s)** skul(s)
escurreplatos	**drainboard** DREIN-bord
escurridor(es) de hule	**squeegee(s)** SKUI-chi(s)
escurrimiento (agua)	**runoff** RAN-af
escurrir (agua)	**runoff** RAN-af
ese/esa	**that** dat
esmeriladora(s)	**grinder(s)** GRAIN-der(s)
eso es todo	**that's all** dats al
esos	**those** dous

espalda(s)	**back(s)** bak(s)
español	**spanish** SPA-nish
esparcidor(es)	**spreader(s)** SPRE-der(s)
espátula(s)	**spatula(s)** SPA-chu-la(s)
espátula(s) (para masilla)	**putty knife (putty knives)** PO-ti naif (PO-ti naivs)
espátula(s) (para pintor)	**scraper(s)** SCREI-per(s)
espátula(s) (para tablaroca)	**taping knife (taping knives)** TEI-pin naif (TEI-pin naivs)
espejo(s)	**mirror(s)** MIR-ror(s)
esperar (aguardar)	**wait** ueit
espere aquí	**wait here** ueit jir
espolvorear	**dust** dast
esponja(s)	**sponge(s)** SPANCH-(es)
esposa(s)	**wife (wives)** uaif (uaivs)
esposo(s)	**husband(s)** JOS-bend(s)
espuma	**foam** foum

esqueje(s)	**cutting(s)** KA-tin(s)
esqueleto (armazón)	**framework** FREIM-uork
esquina(s)	**corner(s)** KOR-ner(s)
está bien	**okay** o-KEI
estaca(s)	**stake(s)** steik(s)
estacar	**stake** steik
estación (estaciones)	**station(s)** STEI-chan(s)
estación (estaciones) de cebo	**bait station(s)** beit STEI-chan(s)
estación (estaciones) (del año)	**season(s)** SI-san(s)
estacionamiento(s)	**parking space(s)** PAR-kin SPEIS-(es)
	parking lot(s) PAR-kin lat(s)
esta noche	**tonight** tu-NAIT
estanque(s)	**pond(s)** pand(s)
estante(s) de libros	**bookshelf (bookshelves)** BUK-chelf (BUK-chelvs)
estantería(s) para libros	**bookcase(s)** BUK-keis-(es)

estaño	**tin** tin
este (oriente)	**east** ist
este/esta	**this** dis
estiércol	**manure** ma-NIU-uer
estimación (estimaciones)	**estimate(s)** ES-ta-met(s)
estimador(es)	**estimator(s)** ES-ti-mei-tor(s)
estimar (calcular)	**estimate** ES-ti-meit
estirar	**stretch** strech
esto	**this** dis
estómago(s)	**stomach(s)** STA-mek(s)
estopilla	**cheesecloth** CHIS-klaz
estos	**these** dis
estrangulador (de un motor)	**choke** chouk
estrecho (angosto)	**narrow** NE-rou
estrecho (apretado)	**tight** tait

estribo(s) de viga	**beam hanger(s)** bim JANG-er(s)
estribo(s) para vigueta	**joist hanger(s)** choist JANG-er(s)
estructura	**structure** STROK-chur
	framework FREIM-uork
	framing FREI-min
estucar	**stucco** STA-ko
estuco	**stucco** STA-ko
estufa(s)	**stove(s)** stouv(s)
etiqueta(s) (rótulo)	**label(s)** LEI-bal(s)
etiquetar	**label** LEI-bal
evaluador(es) (estimador)	**estimator(s)** ES-ti-mei-tor(s)
evaluar (calcular)	**estimate** ES-ti-meit
evitar	**avoid** a-VOID
excavación (excavaciones)	**excavation(s)** ex-ka-VEI-chan(s)

excavadora(s)	**digger(s)** DI-ker(s)
	excavator(s) ex-ka-VEI-tor(s)
excavadora de hoyos para postes	**post hole digger** post jol DI-ker
excavar	**dig** dik
	excavate EX-ka-veit
excusado(s)	**toilet(s)** TOI-let(s)
expansión (expansiones)	**expansion(s)** ex-PAN-chan(s)
experiencia(s)	**experience(s)** ex-PI-ri-ens-(es)
explanación (nivelación)	**grading** GREI-din
	leveling LE-vo-lin
explanar (nivelar)	**grade** greid
	level LE-vol
extender	**extend** ex-TEND
extensión (extensiones) eléctrica	**extension cord(s)** ex-TEN-chan kord(s)
exterior(es)	**exterior(s)** ex-TE-ri-or(s)

exterminador(es)	**exterminator(s)** ex-TER-me-nei-tor(s)
exterminar	**exterminate** ex-TER-me-neit
extinguidor(es) de fuegos	**fire extinguisher(s)** fair ex-TIN-gua-cher(s)
extintor(es) de incendios	**fire extinguisher(s)** fair ex-TIN-gua-cher(s)
faja(s) protectora lumbar	**back belt(s)** bak belt(s)
falda(s)	**skirt(s)** skert(s)
faldón (faldones) (techo)	**hip(s)** jip(s)
falso techo	**drop ceiling** drap SI-lin
febrero	**February** FE-biu-eri
fecha(s)	**date(s)** deit(s)
ferretería	**hardware store** JARD-ueir stor
fertilizante(s)	**fertilizer(s)** FER-ti-lai-ser(s)
fertilizar	**fertilize** FER-ti-lais
fibra de vidrio	**fiberglass** FAI-ber-glas
fiebre	**fever** FI-ver

fijación	**fastening** FAS-e-nin
fijar	**fasten** FAS-en
fijar (sujetar)	**attach** a-TACH
filo(s)	**edge(s)** ECH-(es)
filoso	**sharp** charp
filtro(s)	**filter(s)** FIL-ter(s)
filtro(s) de aceite	**oil filter(s)** oil FIL-ter(s)
filtro(s) de aire	**air filter(s)** eir FIL-ter(s)
fin(es)	**end(s)** end(s)
fin(es) de semana	**weekend(s)** UIK-end(s)
firma(s)	**signature(s)** SIG-na-chur(s)
firme aquí	**sign here** sain jir
flaco	**skinny** SKI-ni
flor(es)	**flower(s)** FLAU-ur(s)
florero(s) (jarrón)	**vase(s)** VEIS-(es)

foco(s) (bombilla)	**light bulb(s)** lait bolb(s)
foco(s) fluorescente(s)	**fluorescent bulb(s)** flor-E-sent bolb(s)
fondo (base)	**bottom** BA-tom
fondo (parte trasera)	**back** bak
forma(s)	**form(s)** form(s)
	shape(s) cheip(s)
formar	**form** form
formón (formones)	**chisel(s)** CHI-sel(s)
fósforo (química)	**phosphorous** FAS-fo-ras
foso(s) (hoya)	**pit(s)** pit(s)
fraccionamiento(s) residencial(es)	**housing development(s)** JAU-sin de-VEL-ap-ment(s)
fraguado (hormigón/concrete)	**curing** KIU-rin
	setting SE-tin
fraguar (hormigón/concreto)	**harden** JAR-den
	set set

frambuesa(s)	**raspberry (raspberries)** RAS-be-ri (RAS-be-ris)
fregadero(s)	**sink(s)** sink(s)
fregar (restregar)	**scrub** skrob
freno(s)	**brake(s)** breik(s)
frente	**front** frant
fresa(s) (fruta)	**strawberry (strawberries)** STRA-be-ri (STRA-be-ris)
fresadora(s) (contorneadora)	**router(s)** RAU-ter(s)
fresco (temperatura)	**cool** kul
frío	**cold** kold
fruta(s)	**fruit(s)** frut(s)
fuego(s)	**fire(s)** fair(s)
fuente(s)	**fountain(s)** FAUN-tan(s)
fuera	**out** aut
	outside AUT-said
fuerza de torsion	**torque** tork

fuga(s) (de un líquido, gas)	**leak(s)** lik(s)
fumar	**smoke** smok
fumigador	**fumigator** fiu-ma-GUE-tor
fumigar	**fumigate** FIU-ma-guet
fumigar (espolvorear)	**dust** dast
funda(s) de almohada	**pillowcase(s)** PEL-o-keis-(es)
funeral(es)	**funeral(s)** FIUN-e-ral(s)
fungicida(s)	**fungicide(s)** FON-ga-said(s)
gabinete(s)	**cabinet(s)** KAB-net(s)
gafas de seguridad	**safety goggles** SEIF-ti GA-gals
galón (galones)	**gallon(s)** GA-lon(s)
galvanizado	**galvanized** GAL-va-naisd
ganar (salario)	**earn** urn
gancho(s)	**hook(s)** juk(s)
gancho(s) (percha)	**hanger(s)** JANG-er(s)

gancho(s) para ropa	**clothes hanger(s)** klos JANG-er(s)
garaje(s)	**garage(s)** ga-RACH-(es)
garlopa(s)	**plane(s)** plein(s)
gas	**gas** gas
gas de escape	**exhaust** ex-SAST
gasolina	**gasoline** GAS-o-lin
gasolinera (automovíl)	**gas station** gas STEI-chan
gas propano	**propane gas** pro-PEIN gas
gato(s) (automovíl)	**jack(s)** chak(s)
gato(s) hidráulico(s)	**hydraulic jack(s)** jai-DRAU-lik chak(s)
generador(es)	**generator(s)** chen-e-REI-tor(s)
gerente(s)	**manager(s)** MA-na-cher(s)
gerente(s) de proyectos	**project manager(s)** PRO-chekt MA-na-cher(s)
germinación	**germination** cher-mi-NEI-chan
germinar	**germinate** CHER-mi-neit

giro(s) postal(es)	**money order(s)** MA-ni OR-der(s)
gis	**chalk** chak
goma (hule)	**rubber** RA-ber
gotear	**drip** drip
	leak lik
goteo	**dripping** DRI-pin
	leaking LI-kin
gracias	**thank you** denk iu
grande	**big** big
granito	**granite** GRA-nit
granizar	**hail** jeil
granizo	**hail** jeil
grapa(s)	**staple(s)** STEI-pel(s)
grasa	**grease** gris
gratis	**free** fri

grava	**gravel** GRA-vel
grieta(s)	**crack(s)** krak(s)
grifo(s)	**faucet(s)** FA-set(s)
gris	**gray** grei
grúa(s)	**crane(s)** krein(s)
grueso	**thick** zik
guante(s)	**glove(s)** glav(s)
gusano(s) (larva)	**grub(s)** grab(s)
gusano(s) (lombriz)	**worm(s)** uerm(s)
gusano(s) (mariposa)	**caterpillar(s)** KA-ter-pi-ler(s)
gusano(s) (mosca)	**maggot(s)** MA-got(s)
gustar	**like** laik
hablar	**speak** spik
hacer (crear, fabricar, construir)	**make** meik
hacer (una acción)	**do** du

hacer daño	**injure** IN-cher
	hurt jurt
hacer jardinería	**landscape** LAND-skeip
hacer la cama	**make the bed** meik di bed
hacer la limpieza	**housework** JAUS-uork
hacha(s)	**axe(s)** AX-(es)
hacha(s) de mano	**hatchet(s)** JA-chet(s)
hallar	**find** faind
helada	**frost** frast
helecho(s)	**fern(s)** fern(s)
hendidura(s)	**crack(s)** krak(s)
herbicida(s)	**herbicide(s)** ER-ba-said(s)
herida(s)	**injury (injuries)** IN-che-ri (IN-che-ris)
	wound(s) wund(s)
hermana(s)	**sister(s)** SIS-ter(s)

hermano(s)	**brother(s)** brader(s)
herraje (ferretería)	**hardware** JARD-ueir
herramienta(s)	**tool(s)** tul(s)
herramienta(s) de mano	**hand tool(s)** jand tul(s)
herramienta(s) eléctrica(s)	**power tool(s)** PAU-ur tul(s)
herrumbre	**rust** rast
herrumbroso	**rusty** RAS-ti
hiedra	**ivy** AI-vi
hiedra venenosa	**poison ivy** POI-san AI-vi
hielo	**ice** ais
hierba(s) mala(s)	**weed(s)** uid(s)
hierro	**iron** AI-ern
higo(s)	**fig(s)** fig(s)
hija(s)	**daughter(s)** DA-ter(s)
hijo(s)	**son(s)** san(s)

hilo	**thread** dred
hogar(es)	**home(s)** jom(s)
hoja(s) (cuchillo)	**blade(s)** bleid(s)
hoja(s) (papel/metal)	**sheet(s)** chit(s)
hoja(s) (planta)	**leaf (leaves)** lif (livs)
hoja(s) de papel	**piece(s) of paper** PIS-(es) af PEI-per
hoja(s) de sierra	**saw blade(s)** sa bleid(s)
hoja(s) del serrucho eléctrico	**saw blade(s)** sa bleid(s)
hojalata	**sheet metal** CHIT ME-tal
hola	**hello** JE-lo
hombre(s)	**man (men)** man (men)
hombro(s)	**shoulder(s)** CHOL-der(s)
hondo (profundo)	**deep** dip
hongo(s)	**fungus (fungi)** FON-gas (FON-gai)
hongo(s) (comestible)	**mushroom(s)** MOCH-rum(s)

hora(s)	**hour(s)** AU-er(s)
horas extras (de trabajo)	**overtime** O-ver-taim
horas más caliente del dia	**hottest part of the day** JA-test part af di dei
horas más frescas del día	**coolest part of the day** KU-lest part af di dei
horizontal	**horizontal** jor-a-SAN-tal
hormiga(s)	**ant(s)** ant(s)
hormigón	**concrete** KAN-krit
hormigonera(s)	**concrete mixer(s)** KAN-krit MIX-er(s)
hormigón postensado	**post-tensioned concrete** post-TEN-chand KAN-krit
hormigón pretensado	**prestressed concrete** PRI-stresd KAN-krit
horno(s)	**oven(s)** A-ven(s)
hospital(es)	**hospital(s)** JAS-pi-tal(s)
hostigamiento	**harassment** ja-RAS-ment
hostigar	**harass** ja-RAS
hotel(es)	**hotel(s)** jo-TEL(S)

hoy	**today** tu-DEI
hoyo(s)	**hole(s)** jol(s)
	pit(s) pit(s)
hueco(s) de la escalera	**stairwell(s)** STEIR-uel(s)
huella(s) (del pie)	**footprint(s)** FUT-print(s)
huella(s) de escalón	**tread(s)** tred(s)
	step(s) step(s)
huella(s) digital(es)	**fingerprint(s)** FIN-gur-print(s)
huerto(s) (frutales)	**orchard(s)** OR-chard(s)
huerto(s) (verdura)	**vegetable garden(s)** VECH-ta-bul GAR-den(s)
huésped(es)	**guest(s)** kest(s)
hule	**rubber** RA-ber
humedad	**dampness** DAMP-nes
	moistness MOIS-nes
humedad (aire)	**humidity** jiu-MI-di-ti

humedecer	**dampen** DAM-pen
	moisten MOI-sen
humedecer (aire)	**humidify** jiu-MID-a-fai
húmedo	**damp** damp
	moist moist
húmedo (clima, aire)	**humid** JIU-mid
humo	**smoke** smok
humo (toxíco)	**fumes** fiums
igual	**equal** I-kual
igualar (alisar)	**smooth** smud
igualar (hacer igual)	**equalize** I-kua-lais
	make equal meik I-kual
ilegal	**illegal** i-LI-gol
iluminación	**lighting** LAI-tin
	illumination i-lu-mi-NEI-chan

iluminación para jardín	**landscape lighting** LAND-skeip LAI-tin
iluminar	**light** lait
	illuminate i-LU-mi-neit
inactivo (planta)	**dormant** DOR-ment
inalámbrico	**cordless** KORD-les
incapacidad(es)	**disability (disabilities)** di-sa-BI-la-ti (di-sa-BI-la-tis)
inclinación (inclinaciones) (pendiente)	**slope(s)** sloup(s)
inclinación (pendiente del techo)	**rake** reik
	pitch pich
incluir	**include** in-KLUD
incorrecto	**incorrect** in-ko-RECT
inflamable	**inflammable** in-FLA-ma-bul
	flammable FLA-ma-bul
información	**information** in-for-MEI-chan
inglés	**english** IN-glesh

injertar	**graft** graft
injerto(s)	**graft(s)** graft(s)
injusto	**unfair** on-FEIR
inodoro(s) (baño)	**toilet(s)** TOI-let(s)
insecticida(s)	**insecticide(s)** in-SEK-ti-said(s)
insecto(s)	**insect(s)** IN-sekt(s)
	bug(s) bag(s)
insecto(s) benéfico(s)	**beneficial insect(s)** be-ne-FI-chal IN-sekt(s)
inseguro (peligroso)	**unsafe** on-SEIF
inspección (inspecciones)	**inspection(s)** in-SPEK-chan(s)
inspeccionar	**inspect** in-SPEKT
inspector(es)	**inspector(s)** in-SPEK-tur(s)
instalación (instalaciones)	**installation(s)** in-sta-LEI-chan(s)
instalar	**install** in-STAL
instalar el cableado	**wire** UA-ir

instruccion(es)	**instruction(s)** in-STROK-chan(s) **direction(s)** da-REK-chan(s)
interior(es)	**interior(s)** in-TE-ri-or(s)
intérprete(s) (traductor)	**interpreter(s)** in-TER-pre-ter(s)
interruptor(es)	**switch(es)** SUICH-(es)
interruptor(es) automático(s)	**timer(s)** TAI-mer(s)
interruptor(es) de circuito	**circuit breaker(s)** SER-ket BREI-ker(s)
invernadero(s)	**greenhouse(s)** GRIN-jaus-(es)
invierno	**winter** UIN-ter
ir	**go** go
ir de compras	**to go shopping** tu go CHA-pin
ir para adelante	**go forward** go FOR-uard
irregular	**irregular** ir-REG-iu-lar
irregular (desigual)	**uneven** on-I-ven
[illegible]ación	**irrigation** ir-a-KEI-chan

irrigador(es) (riego)	**sprinkler(s)** SPRIN-kler(s)
irrigar	**irrigate** IR-ra-keit
izquierda	**left** left
jabón	**soap** soup
jabonera(s)	**soap dish(es)** soup DICH-(es)
jalar	**haul** jal
	pull pul
jardín (jardines)	**garden(s)** GAR-den(s)
	yard(s) yard(s)
jardinería	**landscape** LAND-skeip
jardinero(s)	**gardener(s)** GAR-de-ner(s)
	landscaper(s) LAND-skei-per(s)
jardines y áreas verdes	**landscape** LAND-skeip
jarrón (jarrones)	**vase(s)** VEIS-(es)
jefe(s)	**boss(es)** BAS-(es)

jitomate(s)	**tomato(es)**	to-MEI-to(s)
jueves	**Thursday**	DERS-dei
jugo	**juice**	chus
juguete(s)	**toy(s)**	toi(s)
julio	**July**	chu-LAI
junio	**June**	chun
junta(s) (unión)	**joint(s)**	choint(s)
junta(s) de contracción	**contraction joint(s)**	kon-TRAK-chan choint(s)
junta(s) de expansión	**expansion joint(s)**	ex-PAN-chan choint(s)
junta hermética	**weather strip**	ueder strip
juntar (unir)	**join**	choin
justo (imparcial)	**fair**	feir
laca	**lacquer**	LA-ker
ladera(s)	**slope(s)**	sloup(s)
	hillside(s)	JIL-said(s)

lado(s)	**side(s)** said(s)
ladrillo(s)	**brick(s)** brik(s)
laja(s) (de losa)	**flagstone(s)** FLAG-stoun(s)
la migra	**Border Patrol** BOR-der PA-trol
lámina metálica	**sheet metal** CHIT ME-tal
lámpara(s)	**lamp(s)** lamp(s)
lápiz (lápices)	**pencil(s)** PEN-sal(s)
largo	**long** lang
largo (longitud)	**length** leinz
larva(s)	**larva(s)** LAR-va(s)
	grub(s) grab(s)
larva(s) (mosca)	**maggot(s)** MA-got(s)
lastimar	**hurt** jurt
lata(s) (envase)	**can(s)** kan(s)
latente (planta)	**dormant** DOR-ment

látex	**latex**	LEI-tex
latón	**brass**	bras
lavabo(s)	**sink(s)**	sink(s)
	wash basin(s)	uach BEI-sin(s)
lavacoches	**car wash**	kar uach
lavado	**wash**	uach
	washing	UA-chin
lavado de platos	**dish washing**	dich UA-chin
lavadora(s)	**washing machine(s)**	UA-chin ma-CHIN(S)
lavadora de platos	**dishwasher**	DICH-ua-cher
lavado y planchado	**washing and ironing**	UA-chin end AI-er-nin
lavamanos	**sink(s)**	sink(s)
	wash basin(s)	uach BEI-sin(s)
ía(s)	**laundry room(s)**	LAN-dri rum(s)
	dishwasher	DICH-uach-er

lavar	**wash** uach
lavar a mano	**hand wash** jand uach
	wash by hand uach bai jand
lavar la ropa	**wash the clothes** uach di klods
	do the laundry du di LAN-dri
lavar los platos	**do the dishes** du di DICH-es
	wash the dishes uach di DICH-es
lavavajillas	**dishwasher** DICH-ua-cher
laya(s) (pala)	**spade(s)** speid(s)
lechada	**grout** graut
lecharear	**grout** graut
leche	**milk** milk
lechuga	**lettuce** LE-tas
leer	**read** rid
legal	**legal** LI-gol

lejos	**far** far
lengua(s)	**tongue(s)** tong(s)
lentamante	**slowly** SLOU-li
lentes	**glasses** GLA-ses
lentes de seguridad	**safety glasses** SEIF-ti GLA-ses
lento	**slow** slou
leña	**firewood** FAIR-uod
letrero(s) (rótulo)	**sign(s)** sain(s)
	notice(s) NO-tis-(es)
letrero(s) de precaución	**warning sign(s)** UAR-nin sain(s)
levantar	**lift** lift
	raise reis
libra(s)	**pound(s)** paund(s)
libre	**free** fri
librero(s) (mueble)	**bookcase(s)** BUK-keis-(es)

libro(s)	**book(s)** buk(s)
licencia de contratista	**contractor's license** KON-trak-tors LAI-sens
licencia de manejo	**driver's license** DRAI-vers LAI-sens
licuadora(s)	**blender(s)** BLEN-der(s)
lijadora(s)	**sander(s)** SAN-der(s)
lijadora de banda	**belt sander** belt SAN-der
lijadora de disco	**disc sander** disk SAN-der
lijar	**sand** sand
lima(s) (fruta)	**lime(s)** laim(s)
lima(s) (herramienta)	**file(s)** fail(s)
lima hoya(s) (techo)	**valley(s)** VA-li(s)
limar	**file** fail
lima tesa(s) (techo)	**hip(s)** jip(s)
limón (limones)	**lemon(s)** LE-mon(s)
limpiador(es)	**cleaner(s)** KLI-ner(s)

limpiador(es) de goma	**squeegee(s)** SKUI-chi(s)
limpiar	**clean** klin
limpiar con aspiradora	**vacuum** VA-kium
limpiar el terreno	**clear the land** klir di lan
limpiar esto	**clean this up** klin dis ap
limpiar la casa	**housework** JAUS-uork
limpieza de piscinas	**pool cleaning** pul KLI-nin
limpieza en seco	**dry cleaning** drai KLI-nin
limpieza y mantenimiento	**housekeeping** JAUS-ki-pin
limpieza y mantenimiento de edificios	**janitorial** chan-a-TO-rial
limpio	**clean** klin
línea(s)	**line(s)** lain(s)
línea(s) de alto voltaje	**power line(s)** PAU-ur lain(s)
línea(s) de tiza	**chalk line(s)** chak lain(s)
linterna(s)	**flashlight(s)** FLACH-lait(s)

liso	**smooth** smud
	flat flat
	even I-ven
lista(s)	**list(s)** list(s)
llama(s)	**flame(s)** fleim(s)
llana(s)	**trowel(s)** traul(s)
	float(s) flout(s)
llana de concreto	**concrete float** KAN-krit flout
llana de lechada	**grout float** graut flout
llana manual	**hand float** jand flout
llana mecánica	**bull float** bul flout
llana para bordes	**border trowel** BOR-der traul
llano (nivelado)	**level** LE-vol
	flat flat
llanta(s)	**tire(s)** tair(s)

llanta(s) desinflada(s)	**flat tire(s)** flat tair(s)
llanta(s) ponchada(s)	**flat tire(s)** flat tair(s)
llave(s)	**key(s)** ki(s)
llave(s) (grifo)	**faucet(s)** FA-set(s)
llave(s) ajustable	**crescent wrench(es)** KRE-sent RENCH-(es)
llave(s) allen	**allen wrench(es)** A-len RENCH-(es)
llave(s) de copa	**socket wrench(es)** SA-ket RENCH-(es)
llave(s) de cubo	**socket wrench(es)** SA-ket RENCH-(es)
llave(s) de manguera	**hose bibb(s)** jos bib(s)
llave(s) de torsión	**torque wrench(es)** tork RENCH-(es)
llave(s) de tubos	**pipe wrench(es)** paip RENCH-(es)
	socket wrench(es) SA-ket RENCH-(es)
llave(s) de tuercas	**wrench(es)** RENCH-(es)
llave(s) hexagonal	**allen wrench(es)** A-len RENCH-(es)
llave(s) inglesa	**adjustable wrench(es)** a-CHAS-ta-bul RENCH-(es)

llenar	**fill** fil
lleno	**full** ful
llevar puesto	**wear** uer
lluvia	**rain** rein
lodo	**mud** mad
lombriz (lombrices)	**worm(s)** uerm(s)
lona(s)	**tarp(s)** tarp(s)
lona(s) protectora(s)	**drop cloth(s)** drap klaz(s)
losa(s) (concreto)	**slab(s)** slab(s)
losa(s) (piedra)	**flagstone(s)** FLAG-stoun(s)
los dos	**both** bod
loseta(s) (baldosa)	**tile(s)** tail(s)
lo siento	**I'm sorry** aim SA-ri
lubricante(s)	**lubricant(s)** LU-bra-kant(s)
lubricar	**lubricate** LU-bra-keit

lugar(s) de trabajo	**job site(s)** chab sait(s)
lunes	**Monday** MON-dei
lustrar	**polish** PA-lich
luz (luces)	**light(s)** lait(s)
luz del sol	**sunlight** SON-lait
luz solar	**solar light** SO-lar lait
maceta(s)	**flower pot(s)** FLAU-ur pat(s)
madera	**wood** uod
madera (de construcción)	**lumber** LOM-ber
madera contrachapada	**plywood** PLAI-uod
madre(s)	**mother(s)** mader(s)
maduro (fruta)	**ripe** raip
maleta(s)	**suitcase(s)** SUT-keis-(es)
maleza (matorral)	**underbrush** ON-der-brach
maleza(s) (mala hierba)	**weed(s)** uid(s)

malla(s) (mosquitero)	**screen(s)** skrin(s)
malla(s) de alambre	**screen(s)** skrin(s)
malla lisa (concreto)	**remesh** RI-mech
malla metálica	**mesh** mech
malo	**bad** bad
mampostería	**masonry** MEI-san-ri
mampostería de piedra	**stonework** STOUN-uork
mancha(s)	**stain(s)** stein(s)
	spot(s) spat(s)
mandado(s)	**errand(s)** E-rand(s)
mandarina(s)	**tangerine(s)** tan-che-RIN(S)
mandil(es) (delantal)	**apron(s)** EI-pran(s)
manejar	**drive** draiv
	operate A-pe-reit
mango(s) (asa)	**handle(s)** JAN-del(s)

manguera(s)	**hose(s)** JOS-(es)
manguera(s) de aire	**air hose(s)** eir JOS-(es)
manguerear (regar con manguera)	**hose down** jos daun
mano(s)	**hand(s)** jand(s)
manta de cielo	**cheese cloth** CHIS klad
mantel(es)	**tablecloth(s)** TEI-bul-clad(s)
mantenimiento	**maintenance** MEIN-ta-nens
mantillo	**humus** JIU-mos
	topsoil TAP-soil
manzana(s)	**apple(s)** A-pel(s)
mañana (día próximo)	**tomorrow** ta-MA-rou
mañana(s) (tiempo del día)	**morning(s)** MOR-nin(s)
máquina(s)	**machine(s)** ma-CHIN(S)
máquina(s) acabadora(s)	**finisher(s)** FI-nich-er(s)
máquina(s) de coser	**sewing machine(s)** SO-uin ma-CHIN(S)

máquina(s) extendedora(s) de cemento	**power trowel(s)** PAU-ur traul(s)
máquina(s) niveladora(s)	**grader(s)** GREI-der(s)
máquina(s) para hacer hielo	**ice maker(s)** ais MEI-ker
máquina(s) pulidora(s)	**polisher(s)** PA-li-cher(s)
maquinaria pesada	**heavy equipment** JE-vi i-KUIP-ment
marca(s)	**mark(s)** mark(s)
marcador(es)	**marker(s)** MAR-ker(s)
marcar	**mark** mark
marcha(s) (automovil)	**gear(s)** kir(s)
marcha atrás	**reverse gear** ri-VERS kir
marco(s)	**frame(s)** freim(s)
marco(s) de puerta	**door frame(s)** dor freim(s)
	door casing(s) dor KEI-sin(s)
marco(s) de ventana	**window frame(s)** UIN-dou freim(s)
	window casing(s) UIN-dou KEI-sin(s)

mariposa(s)	**butterfly (butterflies)** BA-ter-flai (BA-ter-flais)
mariquita(s) (insecto)	**ladybug(s)** LEI-di-bag(s)
mármol	**marble** MAR-bul
marrón (café)	**brown** braun
martes	**Tuesday** TIUS-dei
martillo(s)	**hammer(s)** JA-mer(s)
martillo hidráulico	**jackhammer** CHAK-ja-mer
martillo neumático	**jackhammer** CHAK-ja-mer
marzo	**March** march
más	**more** mor
máscara(s)	**mask(s)** mask(s)
mascarilla(s)	**mask(s)** mask(s)
mascarilla(s) contra polvo	**dust mask(s)** dast mask(s)
más grande (tamaño)	**bigger** BI-gur
masilla	**putty** PA-ti

masilla (calafateo)	**caulk** kak
más lejos	**farther** FAR-der
más liso	**smoother** SMU-der
más tarde	**later** LEI-ter
más temprano	**earlier** UR-li-er
matamoscas	**flyswatter** FLAI-sua-ter
matar	**kill** kil
material(es)	**material(s)** ma-TE-rial(s)
materiales (provisiones)	**supplies** sa-PLAIS
material orgánico (para el jardín)	**mulch** molch
mayo	**May** mei
mazo(s) (almádena)	**sledge hammer(s)** slech JA-mer(s)
mazo(s) (martillo)	**mallet(s)** MA-let(s)
mecánico (máquina)	**mechanical** me-KA-na-kal
mecánico(s)	**mechanic(s)** me-KA-nik(s)

mecánico de automóviles	**auto mechanic** A-to me-KA-nik
mechero(s)	**burner(s)** BER-ner(s)
mediano	**medium** MI-diom
medianoche	**midnight** MID-nait
médico(s)	**doctor(s)** DAK-tor(s)
medida(s)	**measurement(s)** ME-cher-ment(s)
medio (centro)	**middle** MI-del
medio(s) (mitad)	**half (halves)** jaf (javs)
mediodía	**noon** nun
medir	**measure** ME-chur
mejor	**better** BE-tur
	best best
menos	**less** les
	fewer FIU-er
mercado(s)	**market(s)** MAR-ket(s)

mes(es)	**month(s)** monz(s)
mesa(s)	**table(s)** TEI-bul(s)
metal	**metal** ME-tal
metal corrugado	**corrugated metal** KOR-a-kei-ted ME-tal
metálico	**metallic** me-TA-lik
metal ondulado	**corrugated metal** KOR-a-kei-ted ME-tal
mezcla (mortero)	**mortar** MOR-tur
mezcla(s)	**mix(es)** MIX-(es)
	mixture(s) MIX-chur(s)
mezcla de gasolina con aceite	**gas and oil mix** gas end oil mix
mezcladora(s)	**mixer(s)** MIX-er(s)
mezcladora de concreto	**concrete mixer** KAN-krit MIX-er
mezcla para paredes de yeso	**drywall compound** DRAI-ual KAM-paund
	drywall mud DRAI-ual mad
mezclar	**mix** mix

microondas	**microwave oven** MAI-kro-uev A-ven
miércoles	**Wednesday** UENS-dei
milla(s)	**mile(s)** mail(s)
minuto(s)	**minute(s)** MI-net(s)
mío	**mine** main
mirar	**watch** uach
	look at luk at
mobiliario	**furniture** FER-ni-cher
moho	**mildew** MIL-du
	mold mold
mohoso	**mildewed** MIL-diud
	moldy MOL-di
mojado	**wet** uet
	damp damp
mojar	**wet** uet

moldura (construcción)	**molding** MOL-din
	trim trim
moldura de base	**base molding** beis MOL-din
moldura de cornisa	**crown molding** kraun MOL-din
moledora(s)	**grinder(s)** GRAIN-der(s)
moler	**grind** graind
molinillo(s) de café	**coffee grinder(s)** KA-fi GRAIN-der(s)
montacargas de horquilla	**forklift** FORK-lift
montante(s) (construcción)	**stud(s)** stad(s)
montar (ensamblar)	**assemble** a-SEM-bal
montar andamiaje	**erect scaffolding** e-REKT SKA-fol-din
montón (montones)	**pile(s)** pail(s)
morado (color)	**purple** PER-pal
mordaza(s) (abrazadera)	**clamp(s)** klamp(s)
mortero	**mortar** MOR-tar

mosaico(s)	**mosaic tile(s)** mo-SE-ik tail(s)
mosca(s)	**fly (flies)** flai (flais)
mosca blanca	**white fly** uait flai
mosca mediterránea	**mediterranean fruit fly** med-e-ter-REI-nian frut flai
mosquitero(s) (para ventana/puerta)	**screen(s)** skrin(s)
mosquito(s)	**mosquito(s)** mos-KI-to(s)
mostrador(es)	**counter(s)** KAUN-ter(s)
mostrar	**show** chou
motor(es)	**motor(s)** MO-tor(s)
	engine(s) EN-chin(s)
motor de dos tiempos	**two-cycle engine** tu-SAI-kal EN-chin
motosierra(s)	**chain saw(s)** chein sa(s)
mover	**move** muf
mover con pala	**shovel** CHA-vel
muchacha(s)	**girl(s)** kerl(s)

muchacho(s)	**boy(s)** boi(s)
mucho	**much** mach
muchos	**many** ME-ni
mudanza	**moving** MU-vin
muebles	**furniture** FER-ni-cher
muerto	**dead** ded
muesca(s)	**notch(es)** NACH-(es)
mugre	**grime** graim
mujer(es)	**woman (women)** UO-man (UI-men)
muñeca(s) (anatomía)	**wrist(s)** rist(s)
muriendo	**dying** DAI-in
muro(s)	**wall(s)** ual(s)
muro(s) de contención	**retaining wall(s)** ri-TEI-nin ual(s)
musgo	**moss** mas
muy	**very** VE-ri

muy bien	**good** gud
	well done uel dan
nada	**nothing** nadin
naranja(s)	**orange(s)** O-rench-(es)
nariz (narices)	**nose(s)** NOS-(es)
navaja(s) de afeitar	**razor(s)** REI-sor(s)
necesidad	**necessity** ne-SE-si-ti
necesitar	**need** nid
nectarina(s)	**nectarine(s)** NEK-ta-rin(s)
negro	**black** blak
neumático	**pneumatic** niu-MA-tik
nevar	**snow** snou
nieve	**snow** snou
niño(s)	**child (children)** chaild (CHIL-dren)
níquel	**nickel** NI-kal

nitrógeno	**nitrogen** NAI-tro-chen
nivel(s)	**level(s)** LE-vol(s)
nivelación	**grading** GREI-din
	leveling LE-vo-lin
nivelador (niveladora)	**leveler** LE-vo-lur
	grader GREI-dur
nivelar	**grade** greid
	level LE-vol
nivel de perpendículo	**plumb rule** plom rul
nivel láser	**laser level** LEI-ser LE-vol
no	**no** no
noche(s)	**night(s)** nait(s)
no gracias	**no thank you** no denk iu
no hay de qué	**you're welcome** iur UEL-kam
nombre	**name** neim

no puede	**you can't** iu kant
no puedo	**I can't** ai kant
norte	**north** nord
no uniforme	**uneven** on-I-ven
noveno	**ninth** nainz
novia(s)	**girlfriend(s)** KERL-frend(s)
noviembre	**November** no-VEM-ber
novio(s)	**boyfriend(s)** BOI-frend(s)
nuevo	**new** niu
nuez (nueces)	**nut(s)** nat(s)
número(s)	**number(s)** NAM-ber(s)
número de Seguro Social	**Social Security number** SO-chal sa-KIUR-e-ti NAM-ber
nunca	**never** NE-ver
o	**or** or
obra(s) (construcción/jardinería)	**job site** chab sait(s)

obra(s) de construcción	**construction site(s)** kon-STROK-chan sait(s)
obrero(s)	**worker(s)** UOR-ker(s)
	laborer(s) LEI-bor-er(s)
octavo	**eighth** eidz
octubre	**October** ak-TO-ber
oeste	**west** uest
oficina(s)	**office(s)** A-fes-(es)
oído(s) (anatomía)	**ear(s)** ir(s)
oír	**hear** jir
ojo(s)	**eye(s)** ai(s)
ola(s)	**wave(s)** ueiv(s)
olfatear	**smell** smel
olla(s)	**pot(s)** pat(s)
olor(es)	**smell(s)** smel(s)
onda(s)	**wave(s)** ueiv(s)

operador(es)	**operator(s)** A-pe-rei-tor(s)
operador(es) de equipo	**equipment operator(s)** i-KUIP-ment A-pe-rei-tor(s)
ordenado (pulcro)	**neat** nit
orejeras de seguridad	**safety earmuffs** SEIF-ti IR-mafs
orgánico	**organic** or-GA-nik
organizar	**organize** OR-ga-nais
orificio(s) (respiradero)	**vent(s)** vent(s)
orilla(s) (borde)	**edge(s)** ECH-(es)
	border(s) BOR-der(s)
orilladora(s)	**edger(s)** ECH-er(s)
	trimmer(s) TRI-mer(s)
orilladora(s) de gasolina	**gas trimmer(s)** gas TRI-mer(s)
orilladora(s) manual	**hand trimmer(s)** jand TRI-mer(s)
oro	**gold** gold
oruga(s)	**caterpillar(s)** KA-ter-pi-ler(s)

oscuro	**dark** dark
otoño	**fall** fal
otra vez	**again** a-KEN
otro	**other** ader
óvalo(s)	**oval(s)** O-val(s)
oxidación	**oxidation** ox-si-DEI-chan
	rusting RAS-tin
oxidado	**rusty** RAS-ti
óxido	**rust** rast
oxígeno	**oxygen** OX-a-chen
padre(s)	**father(s)** fader(s)
pagar	**pay** pei
pago extraordinario	**bonus** BO-nas
pago extra por horas extras	**overtime pay** O-ver taim pei
pago por enfermedad	**sick pay** sik pei

pájaro(s)	**bird(s)** berd(s)
pala(s)	**shovel(s)** CHA-vol(s)
	spade(s) speid(s)
palabra(s)	**word(s)** uord(s)
palanca(s) (barreta)	**crowbar(s)** KRO-bar(s)
	pry bar(s) PRAI-bar(s)
palear	**shovel** CHA-vol
paleta(s) (albañilería)	**trowel(s)** traul(s)
palma(s)	**palm(s)** palm(s)
palma(s) (palmera)	**palm tree(s)** palm tri(s)
palmera(s)	**palm tree(s)** palm tri(s)
palo(s)	**pole(s)** pol(s)
	stick(s) stik(s)
palomilla(s) (polilla)	**moth(s)** maz(s)
palustre(s) (construcción)	**trowel(s)** traul(s)

panel(es)	**panel(s)** PA-nel(s)
paneles	**paneling** PA-ne-lin
paneles de corte	**shear panels** CHIR PA-nels
pantalla(s) (lámpara)	**lampshade(s)** LAMP-cheid(s)
pantalones	**pants** pants
pantalones cortos	**shorts** chorts
pañal(es)	**diaper(s)** DAI-per(s)
pañuelo desechable	**Kleenex®** KLI-nex
	tissue TI-chiu
papel(es)	**paper(s)** PEI-per(s)
papel de aluminio	**aluminum foil** a-LU-ma-nam foil
papel de baño	**toilet paper** TOI-let PEI-per
papel de empapelar	**wallpaper** UAL-pei-per
papel de fieltro	**felt paper** felt PEI-per
papel de lija	**sandpaper** SAND-pei-per

papel higiénico	**toilet paper** TOI-let PEI-per
papel tapiz	**wallpaper** UAL-pei-per
paralelo	**parallel** PER-a-lel
par de torsión	**torque** tork
pared(es)	**wall(s)** ual(s)
pared(es) de contención	**retaining wall(s)** ri-TEI-nin ual(s)
pared(es) de retención	**retaining wall(s)** ri-TEI-nin ual(s)
paredes de yeso	**drywall** DRAI-ual
parejo (uniforme)	**even** I-ven
	smooth smud
parque(s)	**park(s)** park(s)
parra(s) (vid)	**grapevine(s)** GREIP-vain(s)
parrilla(s) de gas	**barbecue grill(s)** BAR-bi-kiu gril(s)
	gas grill(s) gas gril(s)
pasado (último)	**last** last

pasillo(s) (camino)	**walkway(s)** UAK-uei(s)
pasillo(s) (corredor)	**hallway(s)** JAL-uei(s)
pasto	**grass** gras
	lawn lan
pata(s)	**leg(s)** leik(s)
patio(s)	**patio(s)** PA-tio(s)
patio(s) (jardín)	**yard(s)** yard(s)
patrón (patrones) (jefe)	**boss(es)** BAS-(es)
Patrulla Fronteriza	**Border Patrol** BOR-der pa-TROL
pavimentar	**pave** peiv
pavimento	**pavement** PEIV-ment
pedazo(s)	**piece(s)** PIS-(es)
pedazos de corteza	**bark chips** bark chips
pegamento	**glue** glu
pegar	**stick** stik

pegar (con pegamento)	**glue** glu
pegar (golpear)	**hit** jit
pegar (sujetar)	**attach** a-TACH
peldaño(s)	**step(s)** step(s)
	stair(s) steir(s)
peldaño(s) (escalera portátil)	**rung(s)** ron(s)
peligro(s)	**danger(s)** DEIN-cher(s)
	hazard(s) JA-zurd(s)
peligro(s) de incendio	**fire hazard(s)** fair JA-zurd(s)
peligro(s) de seguridad	**safety hazard(s)** SEIF-ti JA-zurd(s)
peligroso	**dangerous** DEIN-cher-as
	hazardous JA-zur-des
pendiente (de techo)	**pitch** pich
pendiente(s)	**slope(s)** sloup(s)
pensar	**think** dink

pequeño	**small** smal **little** LI-tel
pera(s)	**pear(s)** per(s)
¡Perdón!	**Sorry!** SA-ri
perenne	**perennial** per-E-nial
perforar (taladrar)	**drill** dril
perico(s) (llave)	**crescent wrench(es)** KRE-sent RENCH-(es)
perilla(s)	**knob(s)** nab(s)
perilla(s) de puerta	**doorknob(s)** DOR-nab(s)
periódico(s)	**newspaper(s)** NIUS-pei-per(s)
permiso(s) (documento)	**permit(s)** PER-mit(s)
permiso(s) de construcción	**building permit(s)** BIL-din PER-mit(s)
permiso(s) requerido	**permit(s) required** PER-mit(s) ri-KUAI-yerd
perno(s) (tornillo)	**bolt(s)** bolt(s)
perno(s) de anclaje	**anchor bolt(s)** EIN-kar bolt(s)

perpendicular	**perpendicular** per-pan-DI-kiu-lar
persona de mantenimiento	**maintenance man** MEIN-te-nens man
personas de mantenimiento	**maintenance men** MEIN-te-nens men
pesado	**heavy** JE-vi
pesar	**weigh** uei
peso	**weight** ueit
pesticida(s)	**pesticide(s)** PES-ta-said(s)
pétalo(s)	**petal(s)** PE-tal(s)
picar (cortar)	**chop** chap
pico(s) (herramienta)	**pick(s)** pik(s)
	pickaxe(s) PIK-ax-(es)
pie(s)	**foot (feet)** fut (fit)
pie(s) cuadrado(s)	**square foot (square feet)** skuer fut (skuer fit)
pie(s) cúbico(s)	**cubic foot (cubic feet)** KIU-bik fut (KIU-bik fit)

piedra(s)	**stone(s)** stoun(s) **rock(s)** rak(s)
piel	**skin** skin
pierna(s)	**leg(s)** leg(s)
pieza(s) de anclaje	**hold-down(s)** JOLD-daun(s)
pila(s) (eléctrico)	**battery (batteries)** BA-ter-i (BA-ter-is)
pila(s) (montón)	**pile(s)** pail(s)
pimienta negra	**black pepper** blak PE-per
pimiento(s)	**pepper(s)** PE-per(s)
pino(s)	**pine tree(s)** pain tri(s)
pinta(s) (medida)	**pint(s)** paint(s)
pintar	**paint** peint
pintor(s)	**painter(s)** PEIN-ter(s)
pintura(s)	**paint(s)** peint(s)
pintura en aerosol	**spray paint** sprei peint

pinza(s) (abrazadera)	**clamp(s)** klamp(s)
pinza(s) para colgar la ropa	**clothes pin(s)** klods pin(s)
pinzas (alicates)	**pliers** PLAI-ers
piña(s)	**pineapple(s)** PAIN-a-pel(s)
piscar (cosechar)	**pick** pik
piscina(s)	**pool(s)** pul(s)
piso(s) (suelo)	**floor(s)** flor(s)
piso(s) de cemento	**slab(s)** slab(s)
piso de arriba	**upstairs** ap-STEIRS
pisón (pisones)	**tamper(s)** TAM-per(s)
pistola(s)	**gun(s)** gon(s)
pistola de calafateo	**caulk gun** kak gon
pistola de calor	**heat gun** jit gon
pistola de clavos	**nail gun** neil gon
pistola de pegamento	**glue gun** glu gon

pistola engrapadora	**staple gun** STEI-pal gon
pistola para pintar	**spray gun** sprei gon
	paint sprayer peint SPREI-er
pistola para soldar	**soldering gun** SA-dur-in gon
pistola selladora	**caulk gun** kak gon
pizarra	**slate** sleit
pizcar (cosechar)	**pick** pik
placa(s)	**plate(s)** pleit(s)
placa(s) del interruptor	**switchplate(s)** SUICH-pleit(s)
plafón (plafones) (sofito)	**soffit(s)** SA-fit(s)
plaga(s) (insecto/animal)	**pest(s)** pest(s)
plancha (para ropa)	**iron** AI-ern
planchar	**iron** AI-ern
plano (llano)	**levol** LE-vol
	flat flat

planos (de un edificio, etc.)	**plans** plans
	blue prints blu prints
planta(s)	**plant(s)** plant(s)
planta(s) de semillero	**seedling(s)** SID-lin(s)
plantar	**plant** plant
plántula(s)	**seedling(s)** SID-lin(s)
plástico(s)	**plastic(s)** PLAS-tik(s)
plata	**silver** SIL-ver
plátano(s)	**banana(s)** ba-NA-na(s)
platillo(s)	**saucer(s)** SA-ser(s)
plato(s)	**dish(es)** DICH-(es)
	plate(s) pleit(s)
plato(s) hondo(s)	**bowl(s)** boul(s)
plomada (herramienta)	**plumb line** plam lain
plomería	**plumbing** PLA-min

plomero(s)	**plumber(s)** PLA-mer(s)
plomo	**lead** led
pluma(s)	**pen(s)** pen(s)
plumero(s) (limpiar)	**duster(s)** DAS-ter(s)
poco	**a little** ei LI-tel
poco hondo	**shallow** CHA-lou
poco profundo	**shallow** CHA-lou
pocos	**few** fiu
podador	**pruner** PRU-ner
podadora(s)	**lawn mower(s)** lan MO-uer(s)
podadora(s) de bordes	**lawn edger(s)** lan E-cher(s)
podadora(s) de gasolina	**gas trimmer(s)** gas TRI-mer(s)
podadora(s) manual(es)	**hand trimmer(s)** jand TRI-mer(s)
podar	**prune** prun
	trim trim

poder	**power** PAU-ur
polen	**pollen** PA-len
policía	**police** po-LIS
polilla(s)	**moth(s)** mad(s)
polinización	**pollination** pa-li-NEI-chan
polvo	**dust** dast
polvo de sílice	**silica dust** SIL-a-ka dast
poner	**put** put
poner cinta	**tape** teip
poner la mesa	**set the table** set di TEI-bul
ponerse (ropa)	**wear** uer
por encima	**over** O-ver
	above a-BAF
por favor	**please** plis
por la mañana	**in the morning** en di MOR-nin

por la noche	**at night** at nait
¿Por qué?	**Why?** uai
portaherramientas	**tool belt** tul belt
portarollos para papel de baño	**toilet paper holder** TOI-let PEI-per JOL-der
portátil	**portable** POR-ta-bul
portón (portones) (puerta de la cerca)	**gate(s)** keit(s)
poste(s)	**post(s)** post(s)
postigo(s)	**shutter(s)** CHA-ter(s)
potasio	**potassium** po-TA-siam
potencia	**power** PAU-ur
potencia de torsión	**torque** tork
pozo(s) (hoyo profundo)	**shaft(s)** chaft(s)
precio(s)	**price(s)** PRAIS-(es)
pregunta(s)	**question(s)** KUES-chan(s)
prender (la luz)	**turn on** tern an

prensa(s) (torno de banco)	**vise(s)** VAIS-(es)
prensa taladradora	**drill press** dril pres
preparar	**prepare** pri-PER
	get ready ket RE-di
presa(s) (dique)	**dam(s)** dam(s)
presión (presiones)	**pressure(s)** PRE-chur(s)
prestar atención	**pay attention** pei a-TEN-chan
primavera	**spring** spring
primero	**first** ferst
primeros auxilios	**first aid** ferst eid
primo/a(s)	**cousin(s)** KA-sin(s)
privado (personal)	**private** PRAI-vet
problema(s)	**problem(s)** PRA-blem(s)
producto(s) de limpieza	**cleaner(s)** KLI-ner(s)
producto(s) químico(s)	**chemical(s)** KEM-a-kal(s)

producto químico peligroso	**hazardous chemical** JA-zur-des KEM-a-kal
profundo (hondo)	**deep** dip
pronto (rápido)	**quick** kuik
propagación	**propagation** pra-pa-KEI-chan
propagar	**propagate** PRA-pa-keit
propano	**propane** pro-PEIN
propiedad privada	**private property** PRAI-vet PRA-per-ti
propietario(s)	**owner(s)** OU-ner(s)
propinas	**tips** tips
protección (protecciones)	**protection(s)** pro-TEK-chan(s)
protección contra caídas	**fall protection** fal pro-TEK-chan
protección para la audición	**ear protection** ir pro-TEK-chan
protección para la cabeza	**head protection** jed pro-TEK-chan
protector para la cara	**faceshield** FEIS-child
proteger	**protect** pro-TEKT

próximo (siguiente)	**next** next
puedo	**I can** ai kan
puente(s)	**bridge(s)** BRICH-(es)
puerta(s)	**door(s)** dor(s)
puerta(s) de la cerca	**gate(s)** keit(s)
puerta(s) de tela metálica	**screen door(s)** skrin dor(s)
puesto de fruta	**fruit stand** frut stand
puesto de verdura	**vegetable stand** VECH-ta-bul stand
pulga(s)	**flea(s)** fli(s)
pulgada(s)	**inch(es)** INCH-(es)
pulgar(es)	**thumb(s)** dom(s)
pulgón (pulgones)	**aphid(s)** EI-fid(s)
pulir (lustrar)	**polish** PA-lich
pulverizar (espolvorear)	**dust** dast
¿Qué?	**What?** uat

quebrado	**broken** BRO-ken
quebrar	**break** breik
quedarse	**stay** stei
quehaceres domésticos	**housecleaning** JAUS-kli-nin
quemador(es)	**burner(s)** BER-ner(s)
quemar	**burn** bern
¿Qué tan grande?	**How big?** jau big
¿Qué tan largo?	**How long?** jau lang
¿Qué tan lejos?	**How far?** jau far
quicio(s) de la puerta	**door jamb(s)** dor cham(s)
¿Quién?	**Who?** ju
¿Quiere ___?	**Do you want ___?** du iu uant ___
quiero	**I want** ai uant
quinto	**fifth** fifd
quitar	**remove** ri-MUV

quitar el polvo	**dust** dast
quitar la pintura	**strip the paint** strip de peint
radio (matemáticas)	**radius** REI-di-as
radio (música)	**radio** REI-dio
raíz (raíces)	**root(s)** rut(s)
rama(s)	**branch(es)** BRANCH-(es)
	limb(s) lim(s)
rampa(s)	**ramp(s)** ramp(s)
rana(s)	**frog(s)** frag(s)
ranura(s)	**groove(s)** gruf(s)
ranura para viga	**beam pocket** bim PA-ket
rápidamente	**quickly** KUIK-li
¡Rápido!	**Hurry up!** JUR-ri AP
rápido (pronto)	**fast** fast
raspador(es)	**scraper(s)** SKREI-per(s)

raspar	**scrape** skreip
rastrillar (jardín)	**rake** reik
rastrillo(s)	**rake(s)** reik(s)
rata(s)	**rat(s)** rat(s)
ratón (ratones)	**mouse (mice)** maus (mais)
rayado(s)	**scratch(es)** SKRACH-(es)
rayar	**scratch** skrach
recámara(s)	**bedroom(s)** BED-rum(s)
receptáculo(s)	**receptacle(s)** ri-SEP-te-kal(s)
receptáculo(s) de reciclaje	**recycling bin(s)** ri-SAIK-lin bin(s)
receta(s) (cocinar)	**recipe(s)** RE-sa-pi(s)
reciclaje	**recycling** ri-SAIK-lin
reciclar	**recycle** ri-SAI-kal
recogedor(es)	**dustpan(s)** DAST-pan(s)
recoger (una casa)	**tidy up** TAI-di ap

recoger la mesa	**clear the table** klir di TEI-bul
recordar	**remember** ri-MEM-ber
recortadora(s)	**trimmer(s)** TRI-mer(s)
recortar la orilla	**trim the edge** trim di ech
rectángulo(s)	**rectangle(s)** REK-tein-gal(s)
recto (derecho)	**straight** streit
redondo	**round** raund
reemplazar	**replace** ri-PLEIS
referencias	**references** REF-ren-ses
reforzamiento	**reinforcement** ri-en-FORS-ment
	bracing BREI-sin
reforzar	**reinforce** ri-en-FORS
	brace breis
refrescarse (enfriarse)	**cool off** kul af
refrigeración	**refrigeration** re-fri-cher-EI-chan

refrigerador(es)	**refrigerator(s)** re-FRI-cher-ei-tor(s)
refuerzo(s)	**reinforcement(s)** ri-en-FORS-ment(s)
	brace(s) BREIS-(es)
refuerzo(s) transversal(es)	**cross brace(s)** kras BREIS-(es)
regadera(s) (baño)	**shower(s)** CHA-uer(s)
regar (planta)	**water** UA-ter
regar (terreno)	**irrigate** IR-ra-keit
regar con manguera	**hose down** jos daun
regar en exceso	**overwater** o-ver-UA-ter
regla T	**T square** ti skuer
regular	**regular** REG-iu-lar
reja(s) (puerta de la cerca)	**gate(s)** keit(s)
rejilla(s)	**grill(s)** gril(s)
	grate(s) greit(s)
rejilla(s) de ventilación	**ventilation grill(s)** ven-ta-LEI-chan gril(s)

rellenar	**fill** fil
rellenar (construcción)	**backfill** BAK-fil
relleno (de agujero, grieta)	**filler** FI-ler
relleno de madera	**wood filler** uod FI-ler
remendar	**mend** mend
remodelación	**remodeling** ri-MA-de-lin
remodelar (edificio)	**remodel** ri-MA-del
remolcar	**tow** tou
remolque (acción)	**towing** TO-uin
remolque(s) (vehiculo)	**trailer(s)** TREI-ler(s)
removedor de pintura	**paint stripper** peint STRI-per
remover	**remove** ri-MUV
rentar	**rent** rent
reparar	**fix** fix
	repair ri-PEIR

repetir	**repeat** ri-PIT
repisa(s) (antepecho)	**ledge(s)** lech(s)
repisa(s) (estante)	**shelf (shelves)** chelf (chelvs)
	shelving CHEL-vin
repisa(s) de chimenea	**mantel(s)** MAN-tel(s)
repisa(s) de ventana	**window sill(s)** UIN-dou sil(s)
reponer	**replace** ri-PLEIS
represar	**dam** dam
resorte(s) (muelle)	**spring(s)** spring(s)
respiradero(s)	**vent(s)** vent(s)
respirador(es)	**respirator(s)** res-por-EI-tor(s)
respirar	**breathe** briz
	inhale in-JEIL
restaurante(s)	**restaurant(s)** RES-ta-rant(s)
restregar	**scrub** skrab

retroexcavadora(s)	**trencher(s)** TREN-cher(s)
	ditch digger(s) dich DI-ker(s)
	backhoe(s) BAK-jo(s)
reversa	**reverse** ri-VURS
reverso	**reverse** ri-VURS
	other side ader said
revestimiento	**covering** KA-ver-in
	coating KOU-tin
revestimiento exterior	**siding** SAI-din
revista(s)	**magazine(s)** MA-ga-zin(s)
riego por goteo	**drip irrigation** drip ir-ra-KEI-chan
roble venenoso	**poison oak** POI-san ouk
roca(s)	**rock(s)** rak(s)
rociador(es)	**sprayer(s)** SPREI-er(s)
	sprinkler(s) SPRIN-kler(s)

rociar	**spray** sprei
rodilla(s)	**knee(s)** ni(s)
rodilleras	**kneepads** NI-pads
rodillo(s)	**roller(s)** ROU-ler(s)
rojo	**red** red
romper	**break** breik
rondana(s) (arandela)	**washer(s)** UA-cher(s)
ropa	**clothes** klods
ropa blanca	**linen** LI-nen
ropa de seguridad	**safety gear** SEIF-ti kir
ropa de trabajo	**work clothes** uork klods
ropa interior	**underwear** ON-der-uer
ropa limpia	**clean laundry** klin LAN-dri
ropa resistente a producto químico	**chemical resistant clothing** KEM-a-kal re-SIS-tant KLOU-din
ropa sucia	**dirty laundry** DER-ti LAN-dri

ropero(s) (armario)	**closet(s)** KLA-set(s)
rosa (color)	**pink** pink
rosa(s) (flor)	**rose(s)** ROS-(es)
rosado	**pink** pink
rosquilla(s) (insecto)	**grub(s)** grab(s)
roto	**broken** BRO-ken
roya (planta)	**rust** rast
rueda(s)	**wheel(s)** uil(s)
ruido(s)	**noise(s)** NOIS-(es)
ruidoso	**noisy** NOI-si
ruta(s) de peatones	**walkway(s)** UAK-uei(s)
sábado	**Saturday** SA-ter-dei
sábana(s)	**sheet(s)** chit(s)
saber	**know** nou
sabor	**taste** teist

sacar	**take out** teik aut
sacar las hierbas malas	**take out the weeds** teik aut da uids
saco(s) (bolsa)	**sack(s)** sak(s)
sacudir	**shake out** cheik aut
sal	**salt** salt
sala	**living room** LI-vin rum
sala(s) de espera	**waiting room** UEI-tin rum
salario mínimo	**minimum wage** MIN-a-mom uech
salida(s)	**exit(s)** EX-sit(s)
salida(s) de emergencia	**emergency exit(s)** i-MER-chen-si EX-sit(s)
salida(s) de incendios	**fire exit(s)** fair EX-sit(s)
saltamonte(s)	**grasshopper(s)** GRAS-ja-per(s)
saludable	**healthy** JEL-zi
sano	**healthy** JEL-zi
sartén (sartenes)	**frying pan(s)** FRAI-in pan(s)

savia	**sap** sap
sé	**I know** ai nou
secador(es) de pelo	**blow dryer(s)** blou DRAI-yer(s)
	hair dryer(s) jeir DRAI-yer(s)
secadora(s)	**dryer(s)** DRAI-yer(s)
secar	**dry** drai
seco	**dry** drai
sediento	**thirsty** DERS-ti
segueta(s)	**hacksaw(s)** JAK-sa(s)
seguir	**follow** FA-lou
segundo(s)	**second(s)** SE-kand(s)
seguridad	**safety** SEIF-ti
seguro (sin peligro)	**safe** seif
seguro (vida, automóvil, etc.)	**insurance** in-CHUR-ens
seguro de compensación por accidentes de trabajo	**workers compensation insurance** UORK-ers kam-pen-SEI-chan in-CHUR-ens

seguro de discapacidad	**disability insurance** di-sa-BI-la-ti in-CHUR-ens
seguro de incapacidad	**disability insurance** di-sa-BI-la-ti in-CHUR-ens
seguro de responsabilidad civil	**liability insurance** lai-a-BI-la-ti in-CHUR-ens
seguro de salud	**health insurance** jelz in-CHUR-ens
selección (selecciones)	**selection(s)** se-LEK-chan(s)
seleccionar	**select** se-LEKT
sellador(es)	**sealant(s)** SI-lent(s)
	caulk(s) kak(s)
sellar	**seal** sil
	caulk kak
semana(s)	**week(s)** uik(s)
semanal	**weekly** UIK-li
semana pasada	**last week** last uik
semana que entra	**next week** next uik
semicírculo(s)	**semicircle(s)** SE-mai-ser-kel(s)

semilla(s)	**seed(s)** sid(s)
semillas para césped	**grass seed** gras sid
senda(s)	**path(s)** pad(s)
sentarse	**sit down** sit daun
señal(es)	**sign(s)** sain(s)
	signal(s) SIG-nal(s)
separar	**separate** SEP-a-reit
septiembre	**September** sep-TEM-ber
séptimo	**seventh** SE-venz
serpiente(s)	**snake(s)** sneik(s)
serruchar	**saw** sa
serrucho(s)	**saw(s)** sa(s)
serrucho de mano	**handsaw** JAND-sa
serrucho eléctrico	**reciprocating saw** ra-SIP-ra-kei-tin sa
servicio(s)	**service(s)** SER-ves-(es)

servilleta(s)	**napkin(s)** NAP-kin(s)
servir	**serve** serv
servir la comida	**serve food** serv fud
seta(s)	**mushroom(s)** MOCH-rum(s)
seto(s) (arbustos)	**hedge(s)** JECH-(es)
sexto	**sixth** sixd
sí	**yes** yes
siempre	**always** AL-ueis
siéntese	**sit** sit
sierra(s) (herramienta)	**saw(s)** sa(s)
sierra circular	**circular saw** SUR-kiu-lur sa
sierra de cadena	**chain saw** chein sa
sierra de cinta	**band saw** band sa
sierra de corte	**chop saw** chap sa
sierra de mesa	**table saw** TEI-bul sa

sierra de podar	**pruning saw** PRU-nin sa
sierra de vaivén	**reciprocating saw** re-SIP-ro-kei-tin sa
sierra para concreto	**concrete saw** KAN-krit sa
sierra para contornear	**jigsaw** CHIG-sa
sierra para metales	**hacksaw** JAK-sa
siesta(s) (sueno)	**nap(s)** nap(s)
¡Silencio, por favor!	**Quiet, please!** KUAI-et plis
silla(s)	**chair(s)** cheir(s)
sillón (sillones)	**armchair(s)** ARM-cheir(s)
sin	**without** uid-AUT
sin hogar	**homeless** JOM-les
sí por favor	**yes please** yes plis
sistema(s)	**system(s)** SIS-tem(s)
sistema(s) de riego	**irrigation system(s)** ir-ra-KEI-chan SIS-tem(s) **sprinkler system(s)** SPRIN-kler SIS-tem(s)

sistema(s) de seguridad	**security system(s)** sa-KIUR-e-ti SIS-tem(s)
sistema(s) de ventilación	**ventilation system(s)** ven-ta-LEI-chan SIS-tem(s)
sitio(s) (lugar de trabajo)	**site(s)** sait(s)
sitio(s) de construcción	**construction site(s)** kon-STROK-chan sait(s)
sobre (encima de)	**on** an
sobre (por encima de)	**above** a-BAF
sobrecama(s)	**bedspread(s)** BED-spred(s)
sofá(s)	**couch(es)** KAUCH-(es)
sofito(s)	**soffit(s)** SA-fit(s)
soga(s)	**rope(s)** rop(s)
sol	**sun** son
solar (del sol)	**solar** SOL-or
soldadura	**solder** SA-der
soldar	**solder** SA-der
solera(s) de la ventana	**windowsill(s)** UIN-dou-sil(s)

sólo (solamente)	**only** ON-li
	alone a-LON
solvente(s) (producto químico)	**solvent(s)** SAL-vent(s)
sombra	**shade** cheid
sombrero(s)	**hat(s)** jat(s)
soplador(es)	**blower(s)** BLO-ur(s)
soplador(es) (jardín)	**leaf blower(s)** lif BLO-ur(s)
soplete(s)	**torch(es)** TORCH-(es)
soportar	**support** sa-PORT
soporte(s) (abrazadera)	**bracket(s)** BRA-ket(s)
soporte(s) (apoyo)	**support(s)** sa-PORT(S)
sótano(s)	**basement(s)** BEIS-ment(s)
	cellar(s) SE-lar(s)
suave	**smooth** smud
	soft saft

suavizante de telas	**fabric softener** FAB-rik SAF-ner
subcontratista(s)	**subcontractor(s)** SAB-kon-trak-tor(s)
subir (escalar)	**climb up** klaim ap
subterráneo	**underground** ON-der-graund
suciedad	**dirt** dert
sucio	**dirty** DER-ti
suegra(s)	**mother-in-law(s)** MADER-en-la(s)
suegro(s)	**father-in-law(s)** FADER-en-la(s)
suelo (de cultivo)	**soil** soil
suelo (piso interior)	**floor** flor
suelo (tierra)	**ground** graund
suelo cultivable	**topsoil** TAP-soil
suficiente (bastante)	**enough** i-NAF
sujetador(es)	**fastener(s)** FA-sen-er(s)
sujetador(es) de pared	**wall tie(s)** ual tai(s)

sujetar (fijar)	**attach** a-TACH
	fasten FA-sen
sujetar con abrazaderas	**clamp** klamp
sujetar con perno	**bolt** bolt
sujetar con pinzas	**clamp** klamp
sujetar con tachuelas	**tack** tak
superficie(s)	**surface(s)** SER-fes-(es)
superior	**top** tap
	upper A-per
sur	**south** saud
sustancia(s) química(s)	**chemical(s)** KEM-a-kal(s)
sustancia química peligrosa	**hazardous chemical** JA-zur-des KEM-a-kal
tabique(s) (ladrillo)	**brick(s)** brik(s)
tabla(s) (construcción)	**board(s)** bord(s)
	plank(s) pleink(s)

tabla(s) de cumbrera	**ridge board(s)** rich bord(s)
tabla(s) de planchar	**ironing board(s)** AI-er-nin bord(s)
tabla(s) para faldón	**hip board(s)** jip bord(s)
tabla frontal bajo el techo	**fascia** FEI-cha
tabla portamezcla	**concrete hawk** KAN-krit jak
tablaroca	**drywall** DRAI-ual
tablón (tablones)	**board(s)** bord(s)
	plank(s) pleink(s)
tachuela(s)	**tack(s)** tak(s)
taladradora de columna	**drill press** dril pres
taladrar	**drill** dril
taladro(s)	**drill(s)** dril(s)
talar (un árbol)	**chop down** chap daun
talla(s) (de ropa)	**size(s)** SAIS-(es)
tallar (madera, piedra)	**shape** cheip

talle(s) (forma)	**shape(s)** cheip(s)
tallo(s) (de una planta)	**stem(s)** stem(s)
tamaño(s)	**size(s)** SAIS-(es)
tanque(s)	**tank(s)** teink(s)
tapa(s) (cubierta)	**cap(s)** kap(s)
	lid(s) lid(s)
	top(s) tap(s)
	cover(s) KA-ver(s)
tapa(s) para extremos	**endcap(s)** END-kap(s)
tapadera(s)	**cover(s)** KA-ver(s)
	lid(s) lid(s)
tapajuntas (techo)	**flashing** FLA-chin
tapaporos	**primer** PRAI-mer
tapar	**cover** KA-ver
tapar (agujero)	**plug up** plag ap

tapones para los oídos	**earplugs** IR-plags
tarde	**late** leit
tarde(s)	**afternoon(s)** af-ter-NUN(s)
tarjeta(s) de crédito	**credit card(s)** KRE-dit kard(s)
tarjeta de Seguro Social	**Social Security card** SO-chal sa-KIUR-e-ti kard
taza(s)	**cup(s)** kap(s)
taza(s) de café	**coffee cup(s)** KA-fi kap(s)
taza de café (bebida)	**cup of coffee** kap af KA-fi
tazón grande	**bowl(s)** bol(s)
tazones grandes	**bowls** bols
techado	**roof** ruf **roofing** RU-fin
techador(es)	**roofer(s)** RU-fer(s)
techar	**roof** ruf
techo(s) (exterior)	**roof(s)** ruf(s)

techo(s) (interior)	**ceiling(s)** SI-lin(s)
techo colgante	**drop ceiling** drap SI-lin
techo plano	**flat roof** flat ruf
teja(s) (teja plana)	**roof tile(s)** ruf tail(s)
	shingle(s) CHIN-gal(s)
tejado	**roof** ruf
	tiled roof taild ruf
tejamanil(es)	**shingle(s)** CHIN-gal(s)
tejar	**tile** tail
telaraña(s)	**spider web(s)** SPAI-der ueb(s)
	cobweb(s) KAB-ueb(s)
teléfono(s)	**telephone(s)** TE-le-fon(s)
televisión (televisiones)	**television(s)** te-le-VI-chan(s)
temperatura(s)	**temperature(s)** TEM-pra-chur(s)
temporal (transitorio)	**temporary** tem-po-RE-ri

temporizador(es)	**timer(s)** TAI-mer(s)
temprano	**early** UR-li
tenazas	**nippers** NI-pers
tendedero(s)	**clothes line(s)** klods lain(s)
tenedor(es) (cubiertos)	**fork(s)** fork(s)
teodolito (agrimensor)	**transit** TRAN-sit
tepe	**sod** sod
	turf terf
tercero	**third** derd
terminar (acabar)	**finish** FI-nich
terminar (concluir)	**end** end
termita(s)	**termite(s)** TER-mait(s)
terraza(s)	**terrace(s)** TE-res-(es)
terraza(s) (balcón)	**deck(s)** dek(s)
terreno (tierra)	**land** land

textura(s)	**texture(s)** TEX-cher(s)
tía(s)	**aunt(s)** ant(s)
tibio	**lukewarm** LUK-uarm
tiempo	**time** taim
tienda(s)	**store(s)** stor(s)
tienda(s) de abarrotes	**grocery store(s)** GRO-se-ri stor(s)
tierra	**dirt** dert
	soil soil
	ground graund
tierra de hoja	**peat moss** pit mas
tierra de relleno	**backfill** BAK-fil
tierra negra	**peat moss** pit mas
tierra para macetas	**potting soil** PA-tin soil
tijeras	**scissors** SI-zers
tijeras (podadoras)	**clippers** KLI-pers

tijeras de podar	**pruning shears** PRU-nin chirs
tijeras para setos	**hedge shears** jech chirs
timbre(s) para puerta	**door bell(s)** dor bel(s)
tina(s)	**bathtub(s)** BAD-tob(s)
tinta(s) (color)	**tint(s)** tint(s)
tintar	**tint** tint
tinte(s)	**stain(s)** stein(s)
	dye(s) dai(s)
tinte para madera	**wood stain** uod stein
tintorería	**dry cleaners** DRAI KLI-ners
tío(s)	**uncle(s)** ON-kol(s)
tirar (derribar)	**knock down** nak daun
tirar (desechar)	**throw away** dro a-UEI
tirar (verter)	**dump** domp
tiza	**chalk** chak

tizón (planta)	**rust** rast
toalla(s)	**towel(s)** taul(s)
toalla(s) de cocina	**dish towel(s)** dich taul(s)
toalla(s) de papel	**paper towel(s)** PEI-per taul(s)
toallero(s)	**towel bar(s)** taul bar(s)
toallita(s)	**wash cloth(s)** uach klad(s)
tobillo(s)	**ankle(s)** EIN-kal(s)
tocar	**feel** fil
	touch tach
tocón (tocones)	**stump(s)** stomp(s)
todo	**all** al
	whole jol
todo el tiempo	**all the time** al di taim
todos los días	**everyday** ev-ri-DEI
	daily DEI-li

tomacorriente(s)	**outlet(s)** AUT-let(s)
tomar	**take** teik
tomar (beber)	**drink** drink
tomate(s)	**tomato(es)** to-MEI-to(s)
tonelada(s)	**ton(s)** tan(s)
topo(s)	**mole(s)** mol(s)
torcido (no recto)	**crooked** KRU-ked
tormenta(s)	**storm(s)** storm(s)
tornillo(s)	**screw(s)** skru(s)
tornillo de banco	**vise** vais
torno	**vise** vais
toronja(s)	**grapefruit(s)** GREIP-frut(s)
tostador(es)	**toaster(s)** TOS-ter(s)
trabajador(es)	**laborer(s)** LEI-bor-ur(s)
	worker(s) UOR-ker(s)

trabajador(es) agrícola(s)	**farm worker(s)** farm UOR-ker(s)
trabajar	**work** uork
trabajar horas extras	**work overtime** uork O-ver-taim
trabajo	**work** uork
	job chab
tractor(es)	**tractor(s)** TRAK-tor(s)
tractor(es) de orugas	**bulldozer(s)** BUL-do-ser(s)
traductor(es)	**translator(s)** TRANS-lei-tor(s)
traer	**bring** brin
	go get go ket
tragaluz (tragaluces)	**skylight(s)** SKAI-lait(s)
traje(s) (de hombre)	**suit(s)** sut(s)
trampa(s)	**trap(s)** trap(s)
trampa(s) de cebo para hormigas	**ant trap(s)** ant trap(s)
transformador(es)	**transformer(s)** trans-FOR-mer(s)

transplantar	**transplant** TRANS-plant
trapeador(es)	**mop(s)** map(s)
trapear	**mop** map
trapo(s) (para limpiar)	**rag(s)** rag(s)
	cloth(s) klad(s)
trapo(s) para quitar el polvo	**dust cloth(s)** dast klad(s)
trastero(s)	**cupboard(s)** KA-bord(s)
tratamiento medico	**medical care** ME-di-kal keir
tratar	**try** trai
travesaño(s) (cabezal)	**header(s)** JE-der(s)
trazado(s)	**layout(s)** LEI-aut(s)
trazo (diseño)	**layout** LEI-aut
trepadora(s)	**climbing plant(s)** KLAI-min plant(s)
	vine(s) vain(s)
trepar	**climb** klaim

triplay (madera contrachapada)	**plywood** PLAI-uod
triturador de basura	**garbage disposal** GAR-bech dis-PO-sal
tronco(s)	**trunk(s)** tronk(s)
trozo(s)	**piece(s)** PIS-(es)
tú	**you** iu
tubérculo(s)	**tuber(s)** TU-ber(s)
tubería	**tubing** TU-bin
tubería(s)	**pipe(s)** paip(s)
tubo(s)	**pipe(s)** paip(s)
tubo(s) de desagüe	**drainpipe(s)** DREIN-paip(s)
tubo(s) de drenajes	**drainpipe(s)** DREIN-paip(s)
tubo(s) de escape	**exhaust pipe(s)** ex-SAST paip(s)
tubo(s) fluorescente(s)	**fluorescent bulb(s)** flor-E-sent bolb(s)
tuerca(s)	**nut(s)** nat(s)
túnel(es)	**tunnel(s)** TA-nel(s)

turba (tierra negra)	**peat moss** pit mas
último	**last** last
umbral(es)	**threshold(s)** DRECH-jold(s)
único (solo)	**only** ON-li
uniforme (igual o liso)	**uniform** IU-ni-form
uniforme(s) (ropa)	**uniform(s)** IU-ni-form(s)
unión (uniones) (junta)	**joint(s)** choint(s)
unir (cables)	**splice** splais
unir (conexión)	**join** choin
urbanización (urbanizaciones)	**housing development(s)** JAU-sin de-VEL-ap-ment(s)
usar	**use** ius
usted	**you** iu
uva(s)	**grape(s)** greip(s)
vacación (vacaciones)	**vacation(s)** ve-KEI-chan(s)
vaciar	**empty** EM-ti

valle(s)	**valley(s)** VA-li(s)
válvula(s)	**valve(s)** valv(s)
válvula reguladora	**throttle** DRA-tel
vapor	**steam** stim
varilla (reforzar concreto)	**rebar** RI-bar
vaso(s)	**glass(es)** GLAS-(es)
váyase	**leave** liv
vela(s)	**candle(s)** KAN-del(s)
¡Ven acá!	**Come here!** kam jir
¡Ven aquí!	**Come here!** kam jir
venda(s) (para un herida)	**bandage(s)** BAN-dech-(es)
veneno(s)	**poison(s)** POI-san(s)
venenoso	**poisonous** POI-sa-nas
vengo	**I come** ai kam
venir	**come** kam

ventana(s)	**window(s)** UIN-dou(s)
ventilación	**ventilation** ven-ta-LEI-chan
ventilador(es) (abanico)	**fan(s)** fan(s)
ventilador(es) de techo (abanico)	**ceiling fan(s)** SI-lin fan(s)
ver	**see** si
verano	**summer** SA-mer
verde	**green** grin
verdura(s)	**vegetable(s)** VECH-ta-bul(s)
vereda(s)	**path(s)** pad(s)
verificar	**check** chek
vertedero (tiradero)	**dump** domp
verter (basura)	**dump** domp
vertical	**vertical** VER-ta-kal
vestíbulo(s)	**hall(s)** jal(s)
vestíbulo(s) (edificio publico)	**lobby (lobbies)** LA-bi (LA-bis)

vestido(s)	**dress(es)** DRES-(es)
víbora(s)	**snake(s)** sneik(s)
vibrador para concreto	**concrete vibrator** KAN-krit VAI-brei-tor
vid(es)	**grape vine(s)** greip vain(s)
vidrio	**glass** glas
viejo	**old** old
viento	**wind** uind
viernes	**Friday** FRAI-dei
viga(s) (barrote)	**stud(s)** stad(s)
viga(s) (cabio)	**rafter(s)** RAF-ter(s)
viga(s) (jácena)	**girder(s)** GUR-der(s)
viga(s) (vigueta)	**joist(s)** choist(s)
viga(s) de techo(s)	**ceiling beam(s)** SI-lin bim(s)
viga(s) transversal(es)	**cross beam(s)** kras bim(s)
vigueta(s)	**joist(s)** choist(s)

vinilo	**vinyl** VAI-nal
viña(s)	**vineyard(s)** VIN-yard(s)
viñedo(s)	**vineyard(s)** VIN-yard(s)
violencia	**violence** VAI-lens
vivero(s) (de plantas)	**nursery (nurseries)** NER-se-ri (NER-se-ris)
y	**and** and
yarda(s)	**yard(s)** yard(s)
yarda(s) cuadrada(s)	**square yard(s)** skuer yard(s)
yarda(s) cúbica(s)	**cubic yard(s)** KIU-bik yard(s)
yeso (para el jardín)	**gypsum** CHIP-som
yeso (para paredes)	**plaster** PLAS-ter
yo	**I** ai
	me mi
zacate	**grass** gras
	lawn lan

zancos	**stilts** stilts
zancudo(s)	**mosquito(s)** mos-KI-to(s)
zanja(s)	**ditch(es)** DICH-(es)
	trench(es) TRENCH-(es)
zanjadora(s)	**trencher(s)** TREN-chur(s)
	ditch digger(s) dich DI-ker(s)
zapapico(s)	**pickaxe(s)** PIK-ax-(es)
zapato(s)	**shoe(s)** chu(s)
zona(s)	**zone(s)** zon(s)
zonas de riego	**watering zones** UA-te-rin zons
zumaque venenoso	**poison sumac** POI-san SU-mak
zurdo	**left-handed** left-JAN-ded